Texte . **Medien**

ELISABETH ZÖLLER

Der Klassen-King

Schroedel
westermann

Texte ▪ Medien

»Der Klassen-King« von Elisabeth Zöller

© Elisabeth Zöller

Herausgegeben von Ingrid Hintz

Materialteil erarbeitet von Hedi Berens, Christoph Berens

Das Texte ▪ Medien -Programm zu »Der Klassenking«:
978-3-507-47046-0 Textausgabe mit Materialien
978-3-507-47346-1 Lesetagebuch

© 2006 Bildungshaus Schulbuchverlage
Westermann Schroedel Diesterweg Schöningh Winklers GmbH,
Georg-Westermann-Allee 66, 38104 Braunschweig
www.westermann.de

Druck A [13] / Jahr 2023
Alle Drucke der Serie A sind im Unterricht parallel verwendbar.

Redaktion: Stefanie Hein
Umschlaggestaltung und Layout: JanssenKahlert Design, Hannover
Illustrationen: Edda Skibbe (Umschlag und Innenteil bis S. 74),
                        Jaroslaw Schwarzstein (S. 80, 90, 93)
Druck und Bindung: Westermann Druck Zwickau GmbH,
                        Crimmitschauer Straße 43, 08058 Zwickau

ISBN 978-3-507-**47046**-0

INHALT

Elisabeth Zöller
Der Klassen-King

Materialien

Zu diesem Buch

In diesem Buch wird die Geschichte von Hannah erzählt, die „Coolman", den Neuen in der Klasse, einerseits toll findet, andererseits aber von seiner „coolen" Art genervt ist. Es stößt sie immer mehr ab, dass er ständig den Unterricht stört und die Schwächeren ärgert. Nach einiger Zeit hören in der Klasse alle auf sein Kommando und auch die Klassenlehrerin ist hilflos. Doch Hannah will sich damit nicht abfinden, dass alle klein beigeben.

Es gibt viele Jugendliche, die gern Bücher lesen. Das ist erfreulich, denn wer liest, nimmt teil an den Lebensgeschichten, Erlebnissen, Problemen, Gedanken und Gefühlen der Buchfiguren. Deshalb sagt man: Wer liest, lebt doppelt.

Die Bücher der Reihe **Texte.Medien** wollen zum Lesen motivieren – im Unterricht in der Schule, aber auch zu Hause in der Freizeit. Sie wollen die Freude am Lesen steigern und „Lust auf mehr Bücher" machen.

Zu jedem Buch gibt es ein **Lesetagebuch**, das dabei helfen soll, sich selbstständig – individuell und gemeinsam mit anderen, die ebenfalls dieses Buch lesen – mit dem Inhalt und den Personen auseinanderzusetzen.

Viel Freude beim Lesen des Buches!

ELISABETH ZÖLLER

Der Klassen-King

1

„Doodoodoodoo, jetzt leg ich dich um! Batman, Spiderman – höchstpersönlich im Anmarsch!"

Sssst – im gleichen Augenblick landet ein absoluter Idiot mit Trekkingrad vor meinen Füßen und legt eine Vollbremsung hin. „Juchhu!", ruft er, reißt das Rad herum und steht.

„Cool, Mann", sagt er – zumindest verstehe ich das.

„Idiot", zische ich zurück. Ich kontrolliere meine Füße, ob sie noch ganz sind. Der Kerl hätte sie fast zweigeteilt!

„Cool, Mann", wiederholt er.

„Vollidiot", fauche ich und untersuche mein Skateboard, ob es noch o.k. ist. Den Kerl scheint das gar nicht zu interessieren.

„Cool, Mann", sagt er schon wieder. Diesmal verbeugt er sich.

„Spinner", antworte ich. „Kannst du dir vielleicht etwas anderes ausdenken, als immer ,Cool, Mann' zu sagen? So cool bist du ja nun auch nicht." Während ich das sage, schaue ich ihn genauer an: schwarzes T-Shirt, breite, große Hose, Turnschuhe. Cool eben.

„Nee, i-ich heiße Kuhlmann", stottert er. „St-Steffen Kuhlmann."

„Ach so." Ich hab zwar immer noch Wut im Bauch,

aber der Typ scheint ja doch ganz nett zu sein. „Und warum bist du mir gerade über die Füße gefahren?", frage ich ihn.

„Bringt Spaß", sagt er. „Juchhu! Voll geil, Mann!" Und er boxt in die Luft.

Ich schaue ihn an – Steffen Kuhlmann. Ich schiele zu ihm. Er grinst. Er sieht echt gut aus. Ich glaub, ich mag ihn, auch wenn er wohl ein bisschen spinnt. Ich atme tief durch.

Mag ich ihn wirklich? Oder mag ich ihn nicht? Es ist zu doof! Eigentlich finde ich es blöd, wenn einer so cool tut. Aber trotzdem. Hui! Ich trete mit dem Fuß vor einen Stein. Es rumort in Kopf und Bauch. Ich blinzele. Werde rot. Ich stottere: „Ach so ..." Ich will mich schon umdrehen und loslaufen, aber dann sage ich

noch: „Hannah heiß ich, Hannah Nettelbreker." Dingdong. Ich glaub, ich mag ihn.

„Ganz schön kompliziert", lacht er.

Was meint er mit „kompliziert"? Mich oder meinen doofen Namen?

Er lacht. Dingdong. In meinem Schädel summt
es. In meinem Kopf brummt es. Hui. Mein Schädel
dröhnt, mein Herz klopft. Ich werfe mein Skateboard
vor mich auf den Gehweg und will losfahren. Er zieht
mich am Ärmel. Mensch, dass der das macht! Mich
berühren! Es durchfährt mich. Hui. Ich stoße mich
ab und fahre los. „Tschüs", sage ich. Dingdong, mein
Kopf und mein Herz rasen.

„Na, dann", sagt er, schwingt sich auf sein Fahrrad,
reißt es herum über die Bordsteinkante. Und genauso
blitzartig, wie er gekommen ist, verschwindet er wieder.

War das ein Phantom? Ach was. Ich streich mir
durch die Haare, als wollte ich die Gedanken wegwi-
schen. Ein komisches Gefühl im Bauch und im Kopf.
Schmetterlinge, Wirbelsturm, Kribbeln? Dingdong.
Ich steige wieder auf mein Brett. Aber nichts gelingt
mir mehr, meine Gedanken ziehen Schleifen und Kur-
ven. Dingdong!

An diesem Ferientag habe ich ihn zum ersten Mal
getroffen. Seitdem heißt er für mich nur noch Coolman. Der Name passt zu seinen kurzen Haaren, der
Schlabberhose, dem großen schwarzen T-Shirt, dem
Kaugummi und zu seinem Boxerface. Face ist übrigens echt englisch und heißt Gesicht.

2

Ich will ihn wiedersehen! Warum habe ich mir seine Adresse nicht geben lassen – oder wenigstens die Telefonnummer?

Ich will ihn wiedersehen! Dingdong!

Ich warte am nächsten Tag genau an der Stelle auf der Straße, wo wir uns zum ersten Mal gesehen haben. Weil ich gehört habe, dass Mörder an den Ort ihres Verbrechens zurückkehren. Natürlich ist er kein Mörder. Aber vielleicht – so hoffe ich – kehren ja auch Verliebte an den Ort ihres Verliebtseins zurück.

Aber er kommt nicht. Bestimmt ist er nicht verknallt wie ich.

In meinem Kopf summen Bienen. In meinem Bauch krabbeln Ameisen. Dingdong. Mich hat es getroffen. Wie der Blitz.

Ich muss immer an ihn denken. Er war nett. Cool. Aber nicht doof cool. Doof-Coole sind kalt, hochnäsig und bescheuert. Die kann ich nicht leiden. Lieb-Coole sehen zwar wie Coole aus, aber sie werden auch mal rot, wenn sie sich verknallen. Stottern, wenn sie verknallt sprechen wollen. Sagen „Äh", kratzen sich am Kopf und drehen sich um, damit man ihre rote Birne nicht sieht ... So wie Coolman eben. Wow!

Ich mag ihn. Aber er ist nicht da. Dingdong. Schwarze Wolken ziehen auf in meinem Kopf. Er ist nicht da. Ich versuche ihn aus meinem Kopf zu streichen.

Vielleicht ist er ja doch doof. Ätzend cool. Findet sich super. Doof cool. Obercool. Ich will ihn vergessen. Aber es gelingt mir nicht. Kleine Reste flimmern immer noch durch mein Hirn. Ich fahre jeden Tag Skateboard. Immer dort, wo wir uns getroffen haben. Aber er kommt nicht. Bescheuert!

Manchmal träume ich von ihm. Hui! Ich werde rot im Traum. Er küsst mich sogar! Aber langsam wird er blasser.

Ich vergesse ihn fast.

Da beginnt die Schule wieder. Das neue Schuljahr fängt an.

3

Ich quatsche gerade mit den anderen Mädchen, sitze auf der Bank von Ellen, als er plötzlich in der Tür steht. Einfach so – steht er da. Oder ist das ein Phantom?

Nein, ich sehe ihn. Er erkennt mich. Er blinzelt, ich blinzele. Dingdong und hui – ich werde rot.

„Da bi-i-in i-ich", stottert er. Er könnte jetzt einer Kirschmarmelade Konkurrenz machen. Er stottert. Tritt mit dem Fuß vor die Bank, dass es donnert. Bum.

„Hey, Coolman", sage ich.

Die anderen kapieren natürlich nichts. Er donnert noch einmal mit dem Fuß gegen die Bank: Bum! Dingdong macht es bei mir.

Er grinst. Ich grinse zurück und stottere los: „J-etzt b-brauchst du einen Platz."

So was Blödes! Warum sag ich so was Blödes? Mein
Gesicht ist bestimmt ketchuprot.

„Neben dir ist doch noch ein Platz frei", feixt Olaf
und lacht sich schlapp dabei. Der hat's natürlich sofort geblickt. Bei meiner roten Birne ist das ja auch
kein Kunststück. Macht er sich lustig über mich? Aber
er hat recht: Neben mir ist noch ein Platz frei. Und da
soll Coolman sitzen. Dingdong! Schließlich bin ich die
Einzige, die er hier in der Klasse schon kennt.

Frau Hampel kommt herein. Sie ist auch dieses
Jahr wieder unsere Klassenlehrerin.

Wir sind jetzt einunddreißig in der Klasse. Frau
Hampel stöhnt: „Die Klasse ist zu groß!"

Meiner Mama hat sie mal gesagt, dass in meiner
Klasse zu viele schwierige Kinder sind. Aber ich weiß
echt nicht, wen sie mit den schwierigen Kindern
meint. Okay. Nicht alle sind Mathe-Asse. Aber das ist
doch wohl in jeder Klasse so. Oder?

Tim ist manchmal vorlaut. Aber so einen richtigen
Störenfried haben wir nicht. Oder so 'nen Supercoolen,
der immer redet und die anderen dürfen zuhören.

Ich mag meine Klasse. Und vor allem mag ich, dass
Coolman jetzt neben mir sitzt. Ich bin ganz durcheinander. Mein Kopf und mein Bauch sind wie ein Amei-
senhaufen. Kribbeln und Krabbeln. Krabbeln und
Kribbeln. Ich schweige.

Ich schiele zu ihm hinüber. Er schweigt.

Er schielt zu mir herüber. Ich schweige.

Ich will etwas sagen. Ich schweige.

Er schweigt.

Ich sage auch nichts.

Komisch ist das. Da treffe ich einen zufällig in den Ferien, verknalle mich in ihn, versuche ihn wiederzusehen, hätte ihn fast schon vergessen, träume von ihm – und mit einem Mal taucht das Phantom wieder auf, mitten in meiner Klasse, und sitzt neben mir. Wenn das kein Zeichen ist!

4

Coolman wird von allen Lehrern nach seinem Namen gefragt. Keiner will wissen, von wo er kommt, wie weit er ist, warum er hierhergezogen ist. Keiner! Ich aber! Ob sie schon Bescheid wissen? Ich will mehr über ihn erfahren. Aber ich kann ihn ja nicht einfach ₅ fragen. Warum eigentlich nicht? Das wäre mir peinlich. Aber ich weiß ja von den anderen auch, wo sie wohnen, wie viele Geschwister sie haben, was ihre Eltern machen. Jedenfalls von vielen weiß ich das.

Ich frage nichts. Ich bin mit meinem Herzklopfen ₁₀ beschäftigt. Verknalltsein ist peinlich, peinlich, peinlich. Weil man es geheim halten muss. Und das bei einem Herzklopfen so laut wie ein Gong! Dingdong.

Bei den Lehrern heißt Coolman „Steffen". Das hört sich richtig komisch an, denn alle in der Klasse nen- ₁₅ nen ihn so wie ich: „Kuhlmann", aber englisch ausgesprochen, „Coolman".

Und der Name passt ja auch so gut zu ihm. Er hat so was unheimlich Cooles an sich. Das ist das, wovon ich immer so rot werde. Ich könnte einem ganzen Kilo ₂₀ Tomaten Konkurrenz machen.

Ich schiele dauernd zu ihm hinüber.

Er guckt kurz. Und dreht sich weg.

Ich schiele wieder zu ihm hinüber.

Er grinst bloß. Und sagt nichts. Warum redet er ₂₅ nicht mit mir?

5

Am zweiten Tag macht sich Coolman erst mal neben mir mit seinen Büchern, dem Federmäppchen und dem Füller breit. Ich schiele dauernd zu ihm hinüber. Dingdong. Aber er beachtet mich gar nicht. Er schaut nach vorne, als wolle er irgendetwas fixieren. Sobald ich zu ihm hinschaue, guckt er weg. Da schaue ich nicht mehr zu ihm hinüber. Dong. Ich bin traurig. Dongdong. Er soll mir gestohlen bleiben. Ich schlucke. Dong.

Unauffällig versuche ich ihn zu beobachten, zum tausendsten Mal. Er hat dunkle, kurze Haare, ein schwarzes T-Shirt, ist ziemlich groß. Dong. Ich mag ihn. Dong. Vor allem seine braunen Kulleraugen. Nicht schon wieder rot werden, Hannah!

In der Deutschstunde schiebe ich das Lesebuch zu ihm hinüber, als ich merke, dass er keins hat. Ist ja klar. Wir berühren uns am Arm. Ding. Aber nur ganz kurz, weil er sofort wegrückt. Dong. In der Mathestunde zieht er selbst ein Buch aus der Tasche. Es ist voller Eselsohren, verschlissen, gammelig. Ob er die Klasse wiederholt? So sieht das Buch nämlich aus. Aber man kann das natürlich nicht wissen, manchmal hat man Pech und bekommt ein Buch, das schon ein paar Jahre in Gebrauch ist. Ich will ihn fragen. Aber ich trau mich nicht.

In der nächsten Stunde brauchen wir kein Buch. Ich habe also keine Gelegenheit, ein bisschen näher an ihn heranzurücken. Aber ich spüre ihn neben mir,

Eselsohr umgeknickte Ecke

seine Wärme, seine Stummheit. Ich mag ihn. Dingdong. Es kribbelt. Ist Liebe so? Aber er guckt mich gar
nicht an. Dong.

Am Nachmittag stelle ich mich vor den Spiegel.
Vielleicht findet er mich nicht schön genug? Ich bin
ziemlich klein. Mag er Kleine? Kleine Blonde? Ich
schaue mir mein Gesicht an, ich ziehe Fratzen vorm
Spiegel. Natürlich sieht man mit einer Fratze nicht
besonders gut aus. Ich versuche es mit Mamas Lippen-
stift, ich versuche es mit Schminke. Aber ich wische
alles schnell wieder ab.

Welche Jeans soll ich morgen anziehen? Welches
T-Shirt? Schüchterne Jungs stehen auf coole Socken.
Echt, stand in „Girl!". Aber er ist ja gar nicht schüch-
tern, jedenfalls nicht immer. Ich renne in den Keller,
um die blaue Jeans zu holen. Die steht mir am besten.
Aber Mama hat mal wieder nicht gewaschen. Wie viel
Wochen braucht sie noch? Nein, ich darf nicht unfair
sein. Mama hat die Jeans erst seit zwei Tagen unten lie-
gen. Trotzdem. Ich will sie anziehen. Ich fische sie aus
der Wäsche, aber vorn am Knie ist ein großer Fleck.
So kann ich sie nicht anziehen. Also rase ich zu Mama,
frage, ob ich die Wäsche, die vor der Maschine liegt,
schnell waschen kann, weil ich meine Jeans brauche.
Sie nickt, aber sie hat mal wieder gar nicht zugehört.
Doch ich habe ihr Nicken, stopf alles in die Waschma-
schine und wasche.

Was danach rauskommt, ist eine schmutzige Soße.
Die Jeans ist verfärbt, Mama ist sauer, ich bin wütend,

die Stimmung ist hin. Und das Schlimmste: Ich weiß immer noch nicht, was ich anziehen soll. Bis abends neun Uhr mache ich mir Gedanken. Socken habe ich. Aber nur mit Socken kann ich nicht zur Schule gehen.

Ich ziehe mir die Bettdecke über den Kopf und denke an Coolman. Morgen früh sehe ich ihn wieder! Ich bin traurig und froh. Ding und Dong. Ob er morgen mit mir spricht? Ob er morgen zu mir rüberschaut? Was ich anziehe, sehe ich morgen. Uncoole Babysachen hab ich genug. Da kann ich mich blind vor den Schrank stellen und einfach zugreifen.

Am nächsten Tag nehme ich meinen ganzen Mut zusammen und stoße ihn an. Ich will einfach, dass er mich anschaut. Ich stoße ihn an, schiele zu ihm hinüber.

Er fragt bloß: „Is' was?"

Oh Schreck! Der merkt aber auch gar nichts!

Danach wird er von Frau Hampel etwas gefragt.

Er antwortet, streift mich dabei mit den Augen. Ich werde rot. Aber er merkt wieder nichts. Gar nichts. Ich bin Luft für ihn. Gut, wenn man Fragen beantworten muss, ist man natürlich nicht ganz bei der Sache. Auch wenn man sich gerade verliebt. Aber verflixt, ich bin 5 verliebt. Und er? Ich seufze.

Er ist wie zugenagelt. Er sieht nichts, hört nichts, fühlt nichts. Wie komme ich an ihn heran?

Ich probiere Mamas Parfum aus.

Er rümpft die Nase. Rückt weg. Dong.   10

Ich schreibe ihm Briefe und werfe sie gleich wieder weg. Dong!

Ich frage ihn, ob er heute Nachmittag Zeit hat, um mit mir Skateboard zu fahren.

Aber er äfft bloß Natascha nach, die ist erst vor Kur- 15 zem mit ihren Eltern aus der Ukraine nach Deutschland gezogen: „Ich nix verstehen."

Der ist bescheuert. Wut. Wut! Ich frage nichts mehr! Wutbrumme!

Da schielt er rüber. Mein Herz klopft. Dingdong. 20 Bin ich bescheuert? Wutbrumme, Schmetterlinge: Was gilt denn jetzt?

Frau Hampel macht das Fenster auf. Es ist warm draußen. Ich atme ein. Ich atme aus. Ruhig! Ich hab Kribbeln und Wut im Bauch. Beides gleichzeitig. Ich 25 strecke die Arme in die Luft, recke mich. Ich stoße ihn dabei aus Versehen an.

„Zieh die Flossen ein", murmelt er.

Blödmann – Stroh im Kopf.

Ich habe Wut.   30

6

Am nächsten Tag macht er wieder kaum den Mund auf, als ich versuche mit ihm zu reden. Der sagt nichts. Der ist doch wohl blöd.

Und trotzdem. Dingdong. Mein Bauch kribbelt noch.

Ich schiele zu ihm hinüber. Er schweigt und starrt nach vorne.

Frau Hampel sagt: „Heute machen wir was ganz Tolles ...“

Ich freue mich. Das klingt spannend.

Er sagt gelangweilt: „Kenn ich, das bringt's doch nicht. Echt ey!“ Dabei weiß er überhaupt noch nicht, was Frau Hampel mit uns machen will.

Frau Hampel seufzt bloß und fährt mit dem Unterricht fort.

In Mathe sagt Herr Bein: „Heute beginnen wir mit einem neuen Gebiet: Bruchrechnung.“

Coolman neben mir ruft: „Kenn ich, is' doch alles saulangweilig. Echt ey!“

Der kann doch nicht alles kennen! Oder etwa doch, weil er die Klasse wiederholt?

In Reli das Gleiche.

Coolman sagt wieder: „Kenn ich, is' doch alles saulangweilig!“

„Das ist ja prima, Steffen“, sagt Frau Tümper, unsere Relilehrerin, „dann erzähl mal ...“

„Ja ... mhm, das ist so ... mhm ... ja ... mhm ...“ Er kratzt sich am Kopf.

„Kennst du's doch noch nicht?“

„Mhm, ey, Mann, mhm ... Nicht so direkt ...“

Frau Tümper macht weiter. Sie lacht. Über ihn?

Warum sagt er immer, dass er alles schon kennt? Die Schmetterlinge in meinem Bauch ruhen sich ein bisschen aus.

Hannah, sage ich zu mir, neben dir sitzt ein völlig blöder Typ mit Namen Steffen Kuhlmann, genannt Coolman. Die Schmetterlinge sind müde.

7

Frau Hampel hat gestern Zettel für den Elternsprechtag ausgeteilt. Wir sollten den unteren Abschnitt ausgefüllt zurückbringen, damit sie weiß, wer kommt. Alle bringen ihren Abschnitt mit, alle außer Coolman.

„Und du, Steffen?“, fragt sie. „Kommen deine Eltern nicht?“

„Nee“, sagt Coolman. Er grinst, schaut sich um, wie um sich zu vergewissern, dass auch alle gucken. „Meine Mutter hat was Wichtigeres zu tun.“

Frau Hampel schluckt. „Dann muss ich wohl mal zu deiner Mutter kommen.“

Coolman zuckt mit den Schultern und sagt grinsend: „Können Sie, wenn Sie das brauchen.“

Frau Hampel ist durcheinander, das merkt man. Coolman fühlt sich wohl.

Meine Schmetterlinge im Bauch flattern nur noch ein bisschen. Mit ganz schlappen Flügeln. Auch die

Ameisen haben eine Pause eingelegt. Von wegen Coolman! Blödmann!

8

Im Musikunterricht singen wir heute. Ich singe
gern. Coolman macht den Mund nicht auf. Ich seh es.
Frau Hampel sieht es auch. „Warum singst du denn
nicht mit, Steffen?", fragt sie.

„Singen nervt."

„Aber wir haben Musik", sagt Frau Hampel.

„Musik nervt", antwortet Coolman.

Frau Hampel geht auf und ab. Das macht sie immer,
wenn sie nervös ist.

„Ist doch eh alles saulangweilig", sagt Coolman.

Frau Hampel bleibt stehen.

„Babylieder sind das, saulangweilige Babylieder!"
Coolman kichert.

Frau Hampel wird sauer. „Du hast zwei Möglichkei-
ten", sagt sie. „Entweder du gehst ins Sekretariat und
schreibst dort unser Lesebuch-Gedicht von heute Morgen ab oder du singst mit."

„Dann muss ich wohl", sagt Coolman grinsend.

„Was?", fragt Frau Hampel.

„Was wohl?", fragt er zurück.

„Singen?", fragt Frau Hampel.

„Nee, im Leben nicht!" Er lacht.

„Dann verschwinde", sagt Frau Hampel, „aber ein
bisschen plötzlich!"

Er grinst, steht ungeheuer langsam auf, zieht ungeheuer langsam seine Tasche aus der Bank. Ungeheuer langsam entnimmt er der Tasche das Lesebuch, ungeheuer langsam sucht er sein Federmäppchen. Ungeheuer langsam stellt er die Tasche wieder unter die Bank. Er grinst. Alle schauen zu, wie er sich ungeheuer langsam aufrichtet und um sich schaut mit seinem Gucken-auch-wirklich-alle-Blick.

Da reißt Frau Hampel der Geduldsfaden. Sie nimmt ein Stück Kreide und wirft nach ihm. Aber sie trifft nicht. Glück für sie, denn Lehrer müssen sich „im Griff haben" (hat meine Mama gesagt), während Schüler eigentlich tun und lassen können, was sie wollen (hat auch meine Mama gesagt). Sie dürfen nur niemanden (vor allem keine Lehrer) kratzen, beißen oder treten.

Coolman lacht und sagt: „Ey, das dürfen Sie nicht! Und das wissen Sie ganz genau!" Dabei lässt er wieder seinen Gucken-auch-wirklich-alle-Blick schweifen.

Die ganze Klasse schweigt betreten. Frau Hampel guckt ganz unglücklich. Sie kann einem fast leidtun.

In Zeitlupentempo geht Coolman zur Tür. In Zeitlupentempo öffnet er die Tür. In Zeitlupentempo schaut er sich um, zieht eine Fratze, grinst siegesgewiss, versichert sich, dass auch wirklich alle gucken, und in seinen Augen steht die Frage: Bewundern mich auch alle? Dann geht er. Und lässt die Tür offen stehen.

Frau Hampel atmet tief durch. Dann geht sie zur Tür und knallt sie zu. Bravo!

„Jetzt sind wir wieder unter uns", seufzt sie.

Stimmt, so komisch das klingt. Coolman gehört immer noch nicht zu uns, jedenfalls nicht richtig. Und das hat nichts damit zu tun, dass er neu in die Klasse gekommen ist.

Noch bevor wir weitersingen können, öffnet sich die Tür wieder. Ganz langsam. Coolman steht mitten in der Tür und grinst.

„Was ist?", fragt Frau Hampel.

„Ich habe mein Heft vergessen. Hihi!"

Ganz langsam geht er zu seinem Platz. Holt ganz langsam seine Tasche hervor. Zieht ganz langsam sein Heft heraus. Geht ganz langsam zur Tür und macht sie ganz langsam hinter sich zu.

Frau Hampel seufzt. Alle seufzen. Zum Singen hat niemand mehr Lust. Aber die Stunde ist eh gleich um.

9

Ein paar Tage später leiht Coolman sich Geld bei mir aus.

„Hast du Geld dabei?"

Ich bin ganz verdattert, weil er mich doch sonst immer wie Luft behandelt. Hat er wirklich mit mir gesprochen?

Er stößt mich an. „Ey, hast du Geld?"

„Mal gucken – krieg ich's morgen zurück?"

„Klar."

Ich gebe ihm mein letztes Geld.

Er sagt noch nicht mal danke.

Am nächsten Tag traue ich mich nicht ihn an das geborgte Geld zu erinnern. Das käme mir irgendwie kleinlich vor.

Am übernächsten Tag frage ich nach dem Geld.

„Hab ich nicht."

Am folgenden Tag frage ich wieder nach dem Geld.

„Hab ich nicht."

Dann frage ich noch einmal nach dem Geld.

„Hast du mir was geliehen?", fragt er zurück und grinst blöd.

Noch einen Tag später schnauze ich ihn an: „Hast du endlich mein Geld?"

„Verpiss dich", sagt er bloß und grinst fies.

Und in den war ich mal verknallt?

10

Ich habe immer noch eine riesengroße Wut im Bauch, weil er mir mein Geld nicht zurückgibt. Und doch ... Er hat was. Ich kann es mir nicht verkneifen und schiele immer wieder zu ihm rüber. Bemerkt er das gar nicht? Da plötzlich zucken seine Beine unter der Bank. Auf einmal boxt er mit der Faust in die Luft. Dann entspannt er sich wieder.

„K. o.! Ergebt euch!"

Er schaut zu mir rüber und grinst. „Hast du die Serie gestern im Fernsehen gesehen? Echt cool."

Ich komme gar nicht dazu zu antworten. Er holt wieder aus und gibt seinem eingebildeten Gegner eins drauf. „Mitten in die Magenkuhle. Peng. Das sitzt."

Er schaut wieder zu mir rüber, grinst. „Das macht Laune. Das macht Spaß."

Ich fühle mich nicht wohl, verzieh mich an den Rand unseres Tisches. „Peng" und „mitten in die Magenkuhle", das ist nicht so mein Ding. Wenn diese Supercoolen aus dem Fernsehen seine großen Vorbilder sind, dann kann er mir gestohlen bleiben. Aber Geld leihen und hinterher nichts mehr davon wissen wollen!

„Hihihihi", macht er plötzlich. „Das war was, ey. Er hat sich an den Feind herangeschlichen, duckte sich, machte sich unsichtbar, packte ihn aus dem Hinterhalt, hob ihn hoch und schleuderte ihn in die Luft! Voll geil. Ey, der hat alles zu Matsche gemacht. Die Knochen haben gekracht und zurückgeblieben ist nur ein Fettfleck auf der Erde. Voll geil, sag ich dir!"

Der Typ wird mir immer unheimlicher. Ich rück noch weiter von ihm weg. Der hat sie doch nicht alle! Was will der überhaupt? Alles zu Matsche machen? So nach dem Motto: „Ich bin der King"? Und hinterher: „War doch bloß Spaß"? Mir ist richtig übel.

11

Im Unterricht von Frau Hampel ist es immer das Gleiche.

Entweder kommt von ihm der coole Spruch: „Ey, langweilig" oder „Kenn ich schon". Oder er redet einfach drauflos. Das ist genauso schlimm.

Frau Hampel fragt jemanden aus der Klasse, Coolman antwortet. Da kommt keiner dazwischen. Sich melden hat überhaupt keinen Sinn mehr. Coolman redet einfach drauflos, ob er gefragt wurde oder nicht.

Heute bittet Frau Hampel ihn, doch darauf zu warten, dass sie ihn drannimmt.

„Seh ich nicht ein", meint er.

Frau Hampel sagt zu ihm: „Du wartest jetzt, bis ich dich drannehme."

Coolman grinst.

Frau Hampel stellt die nächste Frage.

Coolman antwortet.

Frau Hampel holt tief Luft und erklärt, dass wir dreißig sind in der Klasse und dass alle ein Recht haben dranzukommen.

„Einunddreißig", verbessert Coolman sie grinsend.

Sie stellt die nächste Frage. Er antwortet wieder.

Frau Hampel bittet Coolman sehr bestimmt, fünf Minuten nichts zu sagen.

„Okay", sagt er, „lasse ich mich drauf ein." Er nimmt seine Uhr und legt sie vor sich auf die Bank. Alle gucken wieder zu ihm hin und dann sagt er: „Mor-

gen bringe ich mir eine Eieruhr mit, die klingelt, wenn die fünf Minuten um sind."

Nach genau fünf Minuten beantwortet er wieder eine Frage, die Frau Hampel jemand anderem gestellt hat. So eine Sauerei!

Frau Hampel gibt auf. Coolman redet, wann er will.

Falk bewundert Coolman dafür. „Toll!" – „Cool, Coolman!", sagt er mit glänzenden Augen, wenn Coolman wieder einmal etwas Blödes gesagt oder getan hat. Coolman ist für ihn der King. Wir anderen sind jetzt Luft für ihn. Das war früher anders. Da war Falk eigentlich ganz nett.

Aber Falk ist nicht der Einzige, der Coolman bewundert. Kim und Tim sind auch nicht besser. Sie hängen Coolman an den Lippen und machen ihm alles nach. Coolman redet, die anderen nicken.

12

Sie sind jetzt immer zusammen: Coolman, Falk, Kim und Tim. Zwischen den Stunden und in den Pausen hängen sie immer zusammen rum. Sogar die gleichen Klamotten tragen sie jetzt. Sie haben den gleichen coolen wogenden Gang und das gleiche Grinsen.

Und wir anderen haben Angst vor ihnen. Und dazu haben wir auch allen Grund, denn sie ärgern uns dauerndzu.

„Du Weichei", sagt Falk heute in der Pause zu Olaf.

Die anderen drei lachen und rufen zusammen: „Weichei und Babyflasche!"

Olaf will sich wehren und sagt: „Wer's sagt, isses selber."

„Babysprüche", rufen sie und lachen.

Da wehrt Olaf sich nicht mehr. Er geht traurig fort.

Manchmal bauen sie sich auch vor dem Kinderhort auf, der zu unserer Schule gehört. Kinder von berufstätigen Eltern gehen nach der Schule dorthin, bekommen dort ihr Mittagessen und machen ihre Hausaufgaben.

Coolman, Kim, Tim und Falk lauern denen auf, die in den Kinderhort wollen, versperren ihnen den Weg. Sie beschimpfen sie und feixen sie an. Auch die drei aus unserer Klasse, die jeden Tag da hingehen: „Na, ihr Babys, geht ihr wieder in den Kinderhort? Das wisst ihr aber schon, dass nur Babys in den Hort gehen, oder? Wir andern, wir gucken coole Videos, statt wie bei Mama schön am Tisch zu sitzen und Spinat zu mampfen. Wir gucken Videos und essen dazu Hamburger und Hotdogs." Dann schubsen sie die Hortkinder ein bisschen.

mampfen hier: abfälliges Wort für essen

Der dicke Falk streckt seine Wurstfinger nach dem Ranzen von Rabea aus. Er reißt daran. Er gibt ihr von hinten einen Tritt. Rabea fällt fast um, sie taumelt.

„Hahaha", lacht Falk, „bist du schwindelig, Rabea, wackelig auf den Beinen wie eine Oma?" Falk schielt zu Coolman. Er möchte gerne Anerkennung dafür.

Coolman legt seine Hand auf Falks Schulter. „Du gehörst zu uns", sagt er.

Falk freut sich. Jetzt gehört er richtig zu denen. Jetzt fühlt er sich auch stark.

5 „So kann das nicht weitergehen", sagt Frau Hampel. Sie sieht alles. Merkt alles. Sie läuft auf und ab in unserer Klasse. „Wir müssen etwas dagegen machen."

Und die meisten wissen, was sie meint.

10 Aber sie macht nichts. Sie weiß nämlich nicht, was sie machen soll.

13

Coolman, Tim und Kim stehen wieder einmal auf dem Gang zusammen. Sie ärgern einen kleinen Jungen aus der ersten Klasse. „Hey, soll'n wir dir mal die 15 Fresse polieren, Babyflasche, erste Klasse?"

Ekelpakete, Scheusale!

Der Kleine sagt nichts, schüttelt den Kopf, hat Augen wie zwei Angstbirnen; aber schweigt in sich hinein.

„Antworte, Baby!" Coolman packt ihn am Kragen.
20 Tim nähert sich von hinten.

Gemein. Echt gemein!

Da endlich hab ich Wut und Mut. Endlich! Ich schreie los. Wie eine Sirene.

„Klappe!", zischt Coolman.

25 Ich schreie trotzdem weiter.

Da lässt er den Erstklässler los, guckt Tim und Kim an. Die drei erstarren zu Salzsäulen. Ich schreie. Sie rennen weg, den Gang hinunter – Frau Hampel direkt in die Arme. Das geschieht ihnen recht!

zur Salzsäule erstarren
erschrocken und unbeweglich stehen bleiben

„Hey, ihr drei, was soll das?", fragt Frau Hampel. ₅

„Der hat angefangen!" Sie zeigen auf den Kleinen.

Ich sage: „Nein, die haben angefangen!"

Der Kleine zittert. Er holt Luft. Und dann bläst er sich auf zu einer Wutkugel und legt los. Wir sind alle ganz baff. So viel Wut und Mut hätten wir ihm nicht ₁₀ zugetraut. „Ich angefangen? Bei euch piept's wohl! Ärgern und Sprüche klopfen, das könnt ihr. Weicheier seid ihr."

baff
erstaunt

Frau Hampel schaut vom einen zum anderen. „Ich will wissen, was war."

Ich will erzählen. Auch wenn sie mich eine Petze nennen. Ist mir egal. Tun die sowieso bei jedem. Auch wenn's nicht stimmt.

„Das war doch nur Spaß!", sagt Kim. Diese Platte wieder.

„Wir sprechen uns noch." Frau Hampel holt Luft, dann stapft sie zum Lehrerzimmer. Peng – wirft sie die Tür hinter sich zu. Die ist weg.

Diese Platte wieder.
Immer dasselbe (Redensart)

„Das wirst du büßen, Babyei", zischt Coolman.

„Feigling", zische ich zurück.

„Große Klappe und nichts dahinter", flüstert der Kleine. Der hat Mut!

Mut braucht manchmal Zeit, bis er ganz freigekratzt ist. Die ganze Angst muss man erst abgekratzt haben, dann kann er herauskommen, der Mut.

Da klingelt es zur nächsten Stunde. Wir müssen zurück in die Klassenzimmer. Gott sei Dank! Zumindest während des Unterrichts ist man sicher.

14

Frau Hampel bringt ein Märchen mit. Die Coolen lachen wie immer, denn Märchen finden sie langweilig, ist ja klar. Frau Hampel liest es trotzdem vor.

Das Märchen von dem coolen Prinzen

Es war einmal ein Prinz, weit drüben im Märchen- ₅
land.

Seine Eltern wussten natürlich, dass er ein Prinz war, aber sie gaben ihm sein Land nicht, weil sie es selbst gut gebrauchen konnten.

Und als der Prinz größer und größer wurde, nahm ₁₀
er sich einfach Land, weil er als Prinz ja Land brauchte. Und immer wieder nahm er sich Land. Und immer, wenn er sich wieder etwas nahm und einer sich wehren wollte, lachte er ihn aus, nahm sich das Land und sagte:
„Das ist meins." ₁₅

Er ging schließlich weit über seine Grenzen. Er nahm ein fremdes Land nach dem anderen. Am Ende wusste keiner mehr, wo die Grenzen waren. Und weil er jetzt überall der Prinz war, war alles seins. Auch die Menschen, die dort wohnten. ₂₀

Und er gab allem, was ihm gehörte, einen neuen Namen: Die Angst nannte er Mut. Die Mutigen, die ihn trotz allem zurückdrängen wollten, nannte er Petzen. Und wenn einer sagte: „Du bist schuld, dass wir Krieg haben", antwortete er: „Wer's sagt, ist selber schuld." ₂₅

Und er machte weiter, bis fast keiner mehr wusste,

wo sein Land war, wo die Grenzen waren und was eigent-
lich richtig war.

Bis auf einmal einer sagte, einer, der wirklich stark
war: „Wir tun uns zusammen, dann sind wir stärker als
er. Jeder bekommt sein Land zurück."

Und sie malten eine neue Karte, wo sie Ländergren-
zen einzeichneten. Und sie machten Regeln. Dass man
zum Beispiel nicht über die Grenze gehen darf. Und
jeder, der sie übertrat, musste sich dafür selbst eine
Strafe auferlegen. Und tat er es nicht, tagten die ande-
ren und zwangen ihn dazu. Und so lebten sie. Der Prinz
muckte noch oft auf. Aber die anderen wiesen ihn immer
wieder zurück in seine Grenzen. Das konnten sie, weil
sie jetzt zusammenhielten und miteinander sprachen.
Denn miteinander waren sie stark.

Als Frau Hampel mit Lesen fertig ist, möchte sie
das Märchen mit uns nachspielen. Natürlich will jeder
der Prinz sein. Frau Hampel lässt Tim den Prinzen
spielen. Er macht das ganz toll.

„Jeder kann das", sagt Tim.

An der Stelle der Geschichte, an der sich alle gegen
den Prinzen zusammentun, will Coolman nicht mehr
mitspielen.

„Langweilig", sagt er, „so ein ätzendes, blödes Märchen." Und er kickt mit dem Fuß gegen die Bank. „Märchen sind doch uncool."

Frau Hampel seufzt. Als es klingelt, packt sie ihr
Märchen ein und geht.

15

Sie machen Witze miteinander, sie hängen auf den Stühlen herum. Was sie aber vor allen Dingen tun, ist Mädchen ärgern. „Weiber ärgern" heißt das bei ihnen. Weiber ärgern klingt cooler. Das klingt so, als wenn sie ganz oben ständen und die Mädchen ganz unten.

Wenn sie Mädchen sehen, lästern sie ab und rufen laut: „Ihr Weiber braucht doch gar nicht in die Schule zu gehen, ihr gehört in die Küche."

Wenn keiner lacht, lachen sie alleine. Und dann machen sie weiter. Sie rufen: „Für Weiber ist es am besten, wenn sie bis Freitagabend in der Küche stehen und dann dürfen sie ins Schlafzimmer gehen und auf uns warten."

Ich höre zu, ich höre nicht zu. In mir brodelt es. Warum reden die so einen Mist?

Tim sagt: „Weiber sind für drei Ks da: Knutschen, Kochen, Kinderkriegen."

„Hahaha."

„Soll ich euch mal einen Witz erzählen?", fragt Falk. „Warum brauchen Weiber keinen Regenschirm?"

Alle überlegen. Falk fragt noch einmal: „Warum brauchen Weiber keinen Regenschirm?" Und als keiner antwortet, lacht er und sagt: „Ist doch ganz klar, auf dem Weg von der Küche zum Schlafzimmer braucht man keinen Regenschirm!"

Einmal stößt Coolman mich mitten in der Stunde an. Der Blödmann soll mir vom Halse bleiben. Ich tu so, als hätte ich ihn gar nicht bemerkt. Er versucht's noch mal. Der weiß, dass ich sauer bin.

„Guck doch mal!", sagt er.

Schließlich drehe ich mich um und gucke. Er lässt unter der Bank einen Gummipenis hochflutschen.

„Geil, was?" Er grinst.

„Ekelpaket."

Er lacht. Ekelhaft. Er grinst. Und wie von selbst trete ich ihm von der Seite ans Bein. Peng. Dieser Kotzbrocken!

„Frau Hampel, Hannah tritt mich!", ruft der Ekeltyp da.

Ich rede mit Mama darüber. Ich frage sie, warum die so sind. Mama sagt, die können einem leidtun. Das seien arme Jungen. Aber ich kann das echt nicht verstehen. Wenn Coolman einem in den Hintern tritt oder wenn Falk über Weiber redet oder wenn Kim seine Karatesachen ausprobiert, dann tun die mir doch nicht leid. Das sind doch keine armen Jungen! Dann habe ich Wut, einfach Wut. Und warum? Weil sie versuchen stärker zu tun als die andern und es in Wirklichkeit überhaupt nicht sind. Lügner sind die, alte Lügner! Mir tun die nicht leid. Sie machen mich wütend und ich will etwas gegen sie tun. Gegen die Großkotze, Windbeutel, Angeber und Kings.

Ich male ein Bild von Coolman. Und zerreiße es danach mit Genuss. Das tut richtig gut. Ritsch, ratsch.

Da fragt mein kleiner Bruder Malte mich: „Wie kommt der Dreck unter die Fingernägel, Hannah? Wächst der da oder kratzt man den zusammen?"

Karate
Kampfsportart

Brüder, Nervensägen! Was die für Sorgen haben!

Aber dann denke ich nach. „Weiß nicht", sage ich schließlich.

Und ich denke auch an die Gemeinheiten, den Dreck, den Coolman und Genossen machen. Angeber, ₅ Kings, Großkotze.

Die Frage von meinem Bruder ist gar nicht mal so schlecht! Cleveres Kerlchen! Wächst der Dreck in ihnen oder kratzen sie ihn zusammen? Coolman und Konsorten mein ich. ₁₀

Konsorten hier: Mitbeteiligte bei üblen Streichen

Ich muss lachen. Mein kleiner Bruder guckt.

„Was ist jetzt?", fragt er.

„Weiß nicht", sag ich. „Darüber muss ich noch nachdenken."

Er guckt mich an. ₁₅

„Ich weiß es wirklich nicht", sag ich. „Wächst der Dreck in denen oder kratzen die den zusammen?"

Malte zieht kopfschüttelnd ab. Er zeigt mir mit dem Finger, dass ich doof bin.

16

Frau Hampel hat uns als Hausaufgabe ein Aufsatzthema gestellt: „Unsere Klasse".

Ich setze mich an meinen Schreibtisch und denke nach.

„Unsere Klasse hat sich verändert", schreibe ich dann. „Bis vor Kurzem hatten die Lehrer die Fäden in der Hand. Jetzt zieht Coolman die Fäden. Coolman hat die Fäden in der Hand. Weil er so cool ist. Er ist der King. Und die Lehrer merken es auch, gucken zu, wissen aber nicht, was sie machen sollen ... Und halten den Mund. Vorher mochte ich viele in der Klasse, jetzt ist das auch anders. Der King hat die Macht über die anderen. Und die anderen sind irgendwie nicht mehr richtige Freunde."

Das ist doch absoluter Mist! Nein, das kann ich nicht schreiben. Ich streich alles durch. Kreuz und quer. Gekrakel!

„Mist, Mist, Mist", schreibe ich drunter.

Doch dann schreibe ich wie von selbst weiter: „Worte haben sich verändert ..."

Mist, so etwas schreibt doch keiner! „Nur Behinderte schreiben das", würde Coolman sagen. „Ey, Mann, du bist wohl behindert." Und dann würde er Grimassen ziehen vor meiner Nase.

„Dabei sind die doch behindert!", schreibe ich weiter. „Aber echt. Und weil sie 'ne Klatsche haben, müssen wir auch eine haben. Werden gezwungen. Damit sie mit ihrer Klatsche nicht auffallen (und das merken

eine Klatsche haben
verrückt sein

die doch ganz genau), deswegen zwingen sie uns auch eine Klatsche zu haben. Und keiner ist mehr so, wie er vorher war." Ich zögere. Dann schreibe ich: „Keiner ist mehr er selbst." Das unterstreiche ich. „Alle bewundern Coolman, weil er so cool ist."

Ich lege plötzlich den Kopf auf den Tisch und weine.

Und dann schreibe ich noch: „„Das sind doch arme Jungen', sagt meine Mama. Die Coolen sind also die armen Schweine, weil sie total zu sind. Kein Gefühl raus, keines rein. Deswegen lachen sie sich auch schlapp über jeden, der Angst hat, trommeln sich auf ihren coolen Männerbauch, rülpsen vor Lachen. Igitt."

So was kann man doch nicht schreiben!

Aber wie von selbst schreibe ich weiter: „Dabei hat Coolman ganz liebe Augen. Dingdong. Die Ameisen setzen sich wieder in Bewegung. Dingdong. Und die Schmetterlinge."

Ratzfatz reiß ich alles durch. Ich schmeiß es in den Papierkorb. Ich spucke drauf. Ich weine. Schmetterlinge und Tränen – nur weil der blöde Kerl alle Gefühle austritt. Der hat doch Stroh in der Birne! Mondkopp und Ekellappen!

Mein kleiner Bruder kommt rein. Kann er etwa hellsehen?

Ich weine. Leise.

Malte streicht mir über den Kopf. „Nicht weinen", flüstert er.

Er ist lieb. Aber warum soll ich nicht weinen?

Da schreibe ich auf ein neues Blatt:

Lexikon der Obercoolen

Weinen ist jetzt **heulen.**

Mut haben ist einen andern **k. o. machen.**

Mut haben ist auch **mitlaufen,** ohne die Birne zu benutzen.

Freunde sind die, die Coolman nach dem Mund reden. *Freunde sind nicht mehr echte Freunde.*

Petzen sind alle, die gegen Coolman sind.

Sprechen ist petzen.

Schuld haben die Coolen nie. Die sagen: „Der hat doof geguckt." *Die Schuld schieben die immer auf den andern. Die sind verrückt.*

Weil sie alles durcheinanderrücken.

Die ganze Welt und die ganzen Menschen!

WAS STIMMT NOCH? Ich weiß es nicht mehr. Hilfe!

Das kann ich auch nicht abgeben. Ich kann aber auch nicht ohne Aufsatz in die Schule! Aber ich kann bestimmt nicht Sachen schreiben, die nicht stimmen. Ganz bestimmt nicht.

17

Das Telefon klingelt.

Coolman ist dran. Ich glaube, ich falle tot um. Sofort klopft mir das Herz bis zum Hals. Warum bin ich so blöd? Bei diesem Ätzheini. Ich mag ihn nicht. Ich mag ihn. Alles geht durcheinander. Mein Kopf ist wie ein Karussell. Coolman ruft mich an, der tolle Coolman! Der Ätzheini! Soll ich ihm jetzt die Meinung sagen? Nein, ich tue es nicht. Ich nicke wie alle.

Jetzt bin ich blöd. Ich lasse mir den Kopf verdrehen. Jetzt weiß ich auch, warum man das so sagt. Ich nicke wie alle. Das macht mich wütend. Ich bin wütend auf ihn, ich bin wütend auf mich. Und ich freu mich. Die Schmetterlinge. Dingdong. Die Wut daneben.

Coolman sagt: „Äh, hast du Lust, zu mir nach Hause zu kommen? Wir hören Musik, äh ..." Er stottert rum. Ist total unsicher.

Ist der süß! „Äh, warum nicht? Ich höre gern Musik, äh." Der ist ja ganz durcheinander. Süß!

Die Knie zittern mir. Coolman, der Zauberer. Schmetterlinge und Perlen. Die Tränen haben sich in Perlen verwandelt. Dingdong. Ich verstehe nichts.

„Äh, ich hol dich ab. Wo wohnst du denn?"

„Schmeddingstraße 8." Ich erkläre ihm den Weg.

„Bin gleich da."

Coolman kommt und holt mich. Einfach so. Echt, Hannah. Und ich geh mit. Einfach so. Oder?

Ich setz mich erst mal hin. Will ich das eigentlich? Will ich nicht? Ich wackel hin und wackel her. Aber nicht lange. Ich will! Ich will!! Ja, ich will!!!

Aber was zieh ich an? Was Cooles! Kein Babyrosa, kein nettes Blau! Schwarz. Schwarz ist cool.

Mama hat ein schwarzes T-Shirt. Das neue. Ob ich mir das ausleihen darf? Ich nehme es einfach.

Er kommt gleich. Dingdong. Die Schmetterlinge fliegen wieder.

Das T-Shirt sieht total beknackt aus. Ich habe nichts anzuziehen. Ich kann doch nicht nackt gehen.

Papas New-York-T-Shirt. Das ist das Richtige. Blick in den Spiegel: passabel.

passabel
annehmbar

Socken! Welche Socken zieh ich an? Ich probiere

alle, bis die Lade leer ist und das Bett voll. Ich will coole!

Es klingelt. Rechts ein blauer Bär, links eine Blume. Es klingelt an der Haustür. Hilfe, meine Haare!

Gar nicht so schlecht. Ich wuschel durch.

Es klingelt wieder.

Malte geht an die Tür. Er schreit: „Hannah, dein Freund!"

Peinlich. Zwergenbrüder. Manchmal möchte man sie einfrieren. Für einen Tag. Zwei Tage. Je nach Bedarf.

Ich bin fertig. Ich gehe zur Tür. Gelassen. Er steht dort. Blub, blub macht mein Herz. Dingdong. Die Ameisen.

„Äh", sagt er und wird rot. Süß!

„Bin schon fertig", sage ich. Mehr fällt mir nicht ein.

„Die andern warten bei mir zu Hause auf uns", sagt er.

Das Telefon klingelt. Ich geh nicht dran. „Bin heute Abend zurück", ruf ich und zieh schnell die Tür hinter mir zu.

Coolman geht neben mir. Mein Herz klopft. Er schiebt sein Fahrrad.

Er sagt nichts. Ich sag nichts. Was soll ich auch sagen?

Seine Hand streift meine. Wir berühren uns.

„Äh", sage ich, „welche Musik ..."

„Vorsicht, ein Auto!" Er packt mich am Arm. Das
Auto bremst.

Wir gehen über die Straße.

Was soll ich sagen? Immer, wenn's drauf ankommt,
fällt mir nichts ein. Er geht nach rechts. Wir stoßen
fast zusammen. Peinlich.

„Hier wohne ich", sagt er. Er grinst. Er will meine
Hand fassen. Schafft es aber irgendwie nicht, weil ich
zu trottelig bin.

Wir stehen vor einem großen Haus. Vom Feinsten.
Echt cool.

Wir gehen hinein.

Von oben dröhnt Musik. Echte Dröhnung.

„Könnt ihr die Musik mal leiser machen?", brüllt
eine Frauenstimme von irgendwo.

Tims, Kims und Falks Köpfe tauchen oben am Trep-
pengeländer auf.

„Hallo."

„Ist deine Mutter nicht da?" Warum frage ich so
etwas Blödes?

„Nee, tagsüber ist nur Lydia da. Meine Eltern arbeiten beide."

Wir hören Musik. Bis uns die Ohren abfallen. Dann
gucken wir Videos. „Die Unsichtbaren" und „Superka-
rate".

„Echt geil", sagt Tim die ganze Zeit.

Um sieben Uhr muss ich nach Hause. Da wollen die
anderen gerade die Computerspiele anwerfen.

„Kommst du morgen wieder?", fragt Coolman.

Keiner, weder Tim noch Kim noch Falk fragt,

warum ich jetzt schon nach Hause muss. Oder sagt
Baby zu mir. Sie haben Respekt vor Coolman. Deswe-
gen haben sie jetzt auch Respekt vor mir. Das tut gut.
Aber ganz wohl fühle ich mich nicht.

Er will mich nach Hause begleiten.

„Ich geh schon allein", murmle ich.

„Gut, wenn du willst."

„Echt geil, Coolman, komm mal", ruft Tim von
oben.

Coolman ruft „Tschüs" und rennt wieder nach
oben.

Ich gehe langsam nach Hause.

Wer ist dieser Coolman? Er ist unsicher und cool.
Er stottert und gibt an. Er redet und wird rot. Wenn
er in der Schule immer redet, ohne gefragt zu werden, ist er blöd. Aber als er mich abgeholt hat, hat er
nichts gesagt. Der Immerredner, der Schweiger? Wer
ist er wirklich? Der King? Der Kleine, der eine Hannah
zur Freundin will? Der Weiche? Der Zarte? Er ist von
allem etwas. Dingdong.

Am Abend schwebe ich auf Wolken. Ich denke aber
auch an heute Nachmittag, bevor Coolman angerufen
hat, als ich ganz traurig war. Der Aufsatz. Die Klasse. Die Glückliche, die Verliebte oder die Traurige, die
Einsame. Das alles bin ich?

Am nächsten Morgen bin ich früh wach. Hilfe, ich
habe meinen Aufsatz nicht fertig!

Ich fische die Fetzen aus dem Papierkorb, streiche
sie glatt und klebe sie mit Tesafilm wieder zusammen.

Ich lese alles durch.

Nein, das kann ich nicht abgeben.

Ich nehme mir zwei neue Blätter Papier und schreibe auf, warum ich ihn mag und nicht mag.

Oben drüber schreibe ich groß COOLMAN.

Ich mag ihn eben,

... *weil er gut aussieht.*

... *weil er viele Bewunderer in der Klasse hat.*

... *weil ich – peinlich – vielleicht ein Fitzelchen verknallt bin.*

... *weil er verlegen ist und rot wird und*

... *weil er COOL ist.*

Ich mag ihn nicht,

... *weil er gemein ist.*

... *weil er andere klein macht.*

... *weil er manchmal sehr doof ist.*

... *weil er COOL SPIELT.*

Ich schaue mir beide Blätter an. Die entscheidende Frage: Was ist der Unterschied zwischen Cool-*Sein* und Cool-*Spielen*? Liegt da der Schlüssel zu Coolman?

Aber das kann ich in Deutsch auch nicht abgeben und schon gar nicht vorlesen.

Hilfe, alles, was stimmt, darf man nicht sagen! Man darf nur Sachen sagen, die sau-sau-saulangweilig sind – und unwichtig. Fade.

Ich muss los. Ohne Aufsatz.

18

„Heute Nachmittag ist Lydia nicht da. Wir haben das ganze Haus für uns allein. Da läuft etwas ganz Besonderes ab." Coolman pfeift durch die Zähne.

„Und was?", flüstere ich.

„Wird nicht verraten. Bring dicke Nerven mit. Wow. Das wird echt geil, Mann." Er reibt sich die Hände.

Seit etwa zwei Wochen sind wir alle dreimal in der Woche zusammen, Coolman und ich, Tim, Kim und Falk. Meine Freundin Juli aus der Parallelklasse hat schon gemeckert, dass ich nie Zeit für sie habe. Aber das ist mir egal.

Ausgerechnet heute will Mama, dass ich auf Malte aufpasse. Gerade heute, wo es was Supergeiles gibt.

„Dann nimm ihn eben mit", sagt Mama.

„Geht nicht, sorry!", sage ich. Zu Coolman und den anderen kann ich Malte wirklich nicht mitnehmen. Die würden die Nase rümpfen, ihren Gameboy schnell in Sicherheit bringen und mich mit der Babyflasche vor die Tür schieben.

„Du hast dich so verändert." Mama schüttelt den Kopf.

19

Mama ist sauer, weil ich Malte nicht mitnehme. Und ich bin sauer, weil sie nicht versteht, dass ich ihn nicht mitnehmen kann. Aber ich hab auch ein schlechtes Gewissen. Als ich losradle, möchte ich eigentlich umkehren. Aber ich möchte zu Coolman. Ich möchte mit ihm zusammen sein. Und ich will wissen, was da heute Besonderes abgeht, wie er es mir versprochen hat.

Ich komme als Letzte an, alle anderen sind schon da und sitzen im Wohnzimmer auf der Couch.

„Wir gucken heute Spezial-Videos", eröffnet mir Coolman und seine Augen blitzen. „Wer's am längsten aushält, darf sich eins aussuchen zum Mitnehmen."

Ich überlege. „Und warum soll man das nicht aushalten?"

Sie lachen und klopfen sich auf die Schenkel. „Die weiß das noch nicht mal! Haha."

„Du kannst ja oben die Sesamstraße gucken", meint Kim. „Wenn dir das lieber ist, musst du es nur sagen!"

Das fängt ja gut an. Ich schlucke. Ich mag das nicht. Es ist dunkel im Zimmer.

Frauen, Männer, nackte Haut – Bilder schwirren, fliegen – Bilder dringen in mich ein. Körper, Messer, Kampf. Schreien. Tod.

Ich schreie. Sie lachen.

„Na, willst du doch lieber die Sesamstraße gucken?"

„Oh, voll geil!"

„Scharf!"

„Superscharf!"

„Affengeil!"

Neue Bilder. Busen, Haare, Zunge.

Ich will nicht mehr. Ich will das nicht sehen!

„Superaffentittengeil!" Coolman haut sich auf die Schenkel.

Ich schreie. Keiner hört mich. Dabei sitzen sie neben mir.

„Klappe, Baby!", sagt Coolman, ohne die Augen vom Bildschirm zu wenden.

Ich springe auf. Sie schauen kurz auf. Lachen. Und ich habe Angst. Sie sehen mich gar nicht. Ich habe Angst. Das interessiert sie gar nicht.

Ich renne davon.

Das sind keine Freunde. Die sind nur cool. Bloß keine Gefühle!

Ich habe Angst. Angst! Und sie lassen mich allein damit.

Ich springe auf mein Rad und jage nach Hause. Bilder – Busen – Zunge.

Zu Hause werfe ich mich auf mein Bett und weine. Ich will nichts mehr mit denen zu tun haben. Nie mehr. Nie mehr.

Am nächsten Tag schaue ich Coolman nicht an. Ich beachte ihn gar nicht, behandle ihn wie Luft. Ich ekle mich vor ihm. Der kann mir gestohlen bleiben. So einen Schweinekram kann er sich ohne mich angucken.

Er zieht an meinem Ärmel.

Ich rücke weg von ihm.

Er spricht mich an.

„Klappe, Blödmann", zische ich.

Coolman schiebt mir einen Zettel rüber. Darauf steht, dass er mich mag.

„Das glaube ich nicht", schreibe ich drunter. „Dann hättest du das gestern nicht gemacht."

„Kommst du wieder?", schreibt er.

Soll ich? Ich zögere. Soll ich oder soll ich nicht?

„Nein", schreibe ich schließlich, „mögen zeigt man anders." Und dann zische ich ihn an: „So etwas mach ich nicht mit. Geile Videos gucken, ihr spinnt wohl!"

„Das war doch bloß Spaß! Mensch, Hannah, ey! Das ist doch kein Grund böse zu sein!" Und dann lacht er.

Aber ich lache nicht mit.

Am selben Tag sollen wir einen Aufsatz schreiben. „Wie ich einmal Angst hatte", lautet das
Thema. Frau Hampel hat es groß an die Tafel geschrie-
ben.

„Angst, was ist denn das?", sagt Tim und schaut,
ob ihn auch alle dafür bewundern. Klar, wer cool ist,
hat keine Angst. Wer cool ist, versteckt seine Angst.
Versteckt alles.

Aber ich hatte Angst, gestern, als wir diese Videos
angeguckt haben. Von den Videos schreibe ich aber
nichts. Das geht Frau Hampel nichts an.

Ich schreibe den Aufsatz, als wäre es ein Traum
gewesen, ein böser Alptraum. Messer, Blut und Tod
kommen darin vor und viel, viel Angst.

„Du hast zu oft das Wort ‚Angst' verwendet", sagt
Frau Hampel, als sie die Aufsätze zurückgibt. Auf das,
was ich beschrieben habe, hat sie überhaupt nicht
geachtet. Sie hat meinen Aufsatz gar nicht verstanden, glaube ich.

„Aber wenn es doch Angst ist?", sage ich.

„Dann muss man es trotzdem immer wieder anders
benennen", antwortet sie.

„Warum?"

„Sonst ist es kein guter Stil."

„So? Auch wenn es Angst ist?"

„Nein, Hannah", sagt Frau Hampel, „Wiederholun-
gen gehen nicht, auch wenn es Angst ist."

Ich denke nach. Ich bin wütend auf Frau Hampel.
So vertreibt man die Angst auch aus den Wörtern,
wenn man sie noch nicht mal Angst nennen darf.

Was ich erlebt habe, war aber Angst. Angst, Angst, Angst.

„Was ist denn Angst außer Angst?", frage ich sie.

„Beklommenheit, Herzklopfen, Herzrasen, Furcht", sagt Frau Hampel.

„Aber das ist nicht das Gleiche. Angst ist Angst." Auf jeden Fall für mich.

Ich rede mit niemandem über diese Videos.

Mama merkt, dass etwas mit mir ist. Sie hat mich schon mehrmals gefragt, was los ist. Aber darüber kann ich nicht reden mit ihr. Und in der Klasse redet auch keiner. In der ganzen Klasse nicht. Immer mehr bewundern die Coolen.

„Dass die sich das alles trauen!", sagen sie. Sie sehen dabei gar nicht, wie ekelhaft die sind. Kotzbrocken!

Coolman und Konsorten haben etwas in mir in-nendrin verändert. Ich fühle mich schlecht. Ich fühle mich total doof. Ich lache nicht mehr.

Ich weine. Aber ich spreche mit keinem. Auch mit Juli nicht.

Meine Worte sind nichts.

Die coolen Worte aber auch nicht.

Die sind groß.

Ich bin klein.

Die glänzen. Und ich?

20

Und die Stinkstiefel machen weiter. Als wenn nichts wäre. Und alle anderen machen weiter mit. Als wenn nichts wäre.

Es machen sogar immer mehr mit. Sogar solche, die sonst niemand beachtet hat. Nina, Götz, Annalena, die halten jetzt auch zu Coolman und Konsorten. Und warum?

„Sag mal, Götz, hast du Lust bei uns mitzumachen?", fragt Coolman. „Du würdest einen unheimlich wichtigen Posten bekommen. Einen der wichtigsten überhaupt: Aufpasser!"

Götz, der kleine Götz, den keiner vorher angeguckt hat, der kleine Götz, der clever ist, aber blass, dieser kleine Götz wird mit einem Mal ganz groß. Er pflanzt sich vor Coolman auf und strahlt. „Klar, was soll ich tun?"

Damit hat Coolman ihn in der Hand. Götz hat noch nicht mal ganz kapiert, was er machen soll. Egal. Er hat jetzt einen wichtigen Posten. Er *ist* wichtig. Er wird *gebraucht*. Damit packen sie ihn. Der Glanz von Coolman fällt auf den kleinen Götz.

Stinkstiefel. Ekelhafte Stinkstiefel!

21

Hinten in der Klasse gibt es Streit.

„Das ist Klauen", sagt Nina zu Tim. „Ich nehme dem Toby doch nicht einfach seinen Bleistift weg."

Nina hatte Tobys tollen neuen Bleistift bewundert. Tim ist verknallt in Nina. Und da Tim sich jetzt bei den Coolen so stark fühlt, hat er den Bleistift einfach genommen und ihn Nina geschenkt. Vor allen. Einfach genommen. Und keiner hat was gesagt.

Weil sie Angst haben. Dann ist man nämlich angeblich schwach, obschon man ja stark ist. Aber das kapiert keiner. Dass Angst zeigen stark ist. Für die ist nur cool sein stark.

„Ich will ihn nicht", wiederholt Nina. „Ich will keinen geklauten Bleistift."

Tim hält ihr den Bleistift hin.

Nina nimmt ihn nicht.

Toby sitzt daneben. Schweigend und traurig. Er war so stolz auf seinen Bleistift. Er hat Angst vor denen. Warum wehrt er sich nicht?

Coolman kommt dazu, Götz im Gefolge. Coolman spricht lauter als Tim. Er baut sich vor Nina auf. „Los, nimm den Bleistift. Das ist kein Klauen. Nimm ihn dir. Das ist ein Geschenk und Toby ist eine Arschgeige. So einfach ist das."

Wenn einer klein ist, kann man wohl alles mit ihm machen.

Toby zittert in seiner Bank. Sie nehmen seinen Bleistift, auf den er so stolz war. Mir ist schlecht. Ich will schreien. Aber ich tu's nicht.

„Was Klauen ist, bestimme ich", sagt Coolman grinsend.

22

In der Pause führen sie ihre neuen Spiele vor. Nintendo! Supernintendo! Supergeil!

Alle stehen um sie herum.

„Darf ich auch mal? – Zeig mal! – Mensch, ist das ein Neues? Das habe ich noch gar nicht gesehen! – Wie viel kostet das? Kriegt ihr so viel Taschengeld? – Mensch, Coolman, das wollte ich immer schon haben! Leihst du es mir mal aus?"

„Kauf es dir doch selber", sagt Coolman. „Oder geben dir deine Eltern nicht genug Geld?"

Der harte Kern, Tim, Kim, Falk und Coolman, hat auch einen Riesenspaß daran, in den Pausen „Mädchen aufzumischen". So nennen sie das. Sie gehen hinten in die Mädchenecke des Schulhofs. Erst sind sie immer ganz lieb.

hickeln *auf einem Bein hüpfen*

„Hey, Rabea, darf ich auch mal hickeln?"

Rabea kennt das schon. Es hat keinen Sinn, sich zu weigern.

Zwei stehen am Rand, Coolman hickelt, tritt auf die Linie.

Rabea sagt: „Du bist aus."

„Denke ich gar nicht dran", sagt Coolman und hickelt einfach weiter. „Was heißt das schon, aus sein! Wer aus ist, bestimme ich!"

Rabea sagt: „Du musst aufhören. Jetzt ist jemand anderes dran."

„Hihi, die meint, die kriegt mich vom Feld", sagt Coolman. „Wir bleiben jetzt hier, Baby. Komm, Tim, hickel du auch. Du fängst vorne an, ich hinten."

Anne aus der zweiten Klasse geht dazwischen: „Das ist aber unser Feld!"

„Das Feld gehört dem, der am stärksten ist. Oder?" Coolman grinst. Er stellt sich breitbeinig auf das Feld. Ekelhafte Machtprotze!

Rabea sagt nichts mehr. Sie geht. Tim, Kim und Falk hickeln, aber nur so lange, wie alle gucken. Dann macht es keinen Spaß mehr, sie gehen und gucken rum, wen sie als Nächsten ärgern können.

Doofe Typen. Ich stoße einen Stein vor mir her. Ich bin so wütend wie schon lange nicht mehr. Da kann meine Mama gut sagen, das seien arme Jungs. Arme Jungs sind für mich was anderes. Arme Jungs sind welche, denen man helfen muss. Aber die hier, die spinnen doch, die haben doch einen Piep in der Birne. Spinner, Fleischklöpse, Spinatwachteln, Kartoffelklöße. Von deren ganzem Gehabe kriegt man doch Ohrensausen und Bauchschmerzen, Angst und Wut, dass die Birne wackelt. Ich zittere vor Wut. Aber was soll ich machen? Irgendetwas müssen wir unternehmen. So geht das nicht weiter. Aber die meisten würden nicht mitmachen. Aus Angst oder aus Bewunderung.

Ich ziehe die Schultern hoch. Ich weiß nicht. Coolman wird mir immer unheimlicher. Coolman, in den ich anfangs so verliebt war. Coolman, Falk, Kim, Tim. Ich spucke aus. Das tue ich sonst nicht. Nie. Aber wenn man gegen die Coolen ankommen muss, dann tut man so was.

23

Am nächsten Morgen vor der ersten Stunde hantiert Coolman mit einem Riesenbogen Papier neben mir herum.

„Was ist das?", wollen alle wissen.

Ich tu so, als wenn es mich nicht interessieren würde. Jedes Mal, wenn ich unauffällig hinüberschielen will, hält er den Bogen so hoch, dass ich nichts sehen kann. Ich bin hartnäckig. Ich schaue und schiele und schließlich kann ich etwas entziffern.

Das reicht. Das reicht wirklich! Auf dem Bogen Papier stehen sämtliche Namen aus der Klasse. Und hinter jedem Namen wird fein säuberlich eingetragen, welche Markenklamotten die Leute an welchem Tag tragen. „C&A", grölen sie gerade. „Haben deine Eltern so wenig Geld? Wohnt ihr im Armenhaus?" Und Doro setzt sich mit rotem Kopf auf ihren Platz. Ich glaube, sie heult fast.

Als Nächster kommt Toby an die Reihe. Dem gucken sie sogar in die Unterhose. Als Toby sich wehrt, meint Kim: „Wir tun dir doch nichts, niemand reißt dir den Pimmel ab. Wir wollen nur mal nachschauen, ob er endlich mal ein Stück gewachsen ist." Und dann schieben sie ihm ein Lineal in die Hose und geben die Zentimeterzahl lauthals bekannt. Toby schämt sich. Sie lachen sich kaputt. Mir wird fast schwarz vor Augen, so wütend bin ich.

Frau Hampel kommt rein. Sie lassen sofort ab von Toby und Coolman verstaut seinen Bogen Papier unter dem Tisch.

Die Coolen grinsen. Wir anderen sind wie erstarrt. Aber keiner sagt was. Was machen die nur mit uns?

Ich bin völlig durcheinander. Frau Hampel nimmt mich dran. Ich weiß nichts. Nichts. Alles ist verschwunden. Abgerutscht in meinem Kopf. In ein tiefes Loch. Und aus dem Loch grinst mir Coolman entgegen.

24

Sie stehen auf dem Schulhof. Sie haben in einer Schachtel Fliegen gefangen und wollen ihnen die Beine ausreißen.

„Wer wagt es?", fragt Kim.

„Wer ist so mutig?", fragt Coolman.

„Das ist kein Mut. Das ist Tierquälerei", schreie ich von hinten. Endlich krieg ich den Mund auf.

„Du Memme!" Coolman lacht sich kaputt.

Memme
Feigling

„Das machst du doch nur, weil die sich nicht wehren können", sage ich.

„Ja, Hannah hat recht. Du bist ein Feigling", faucht Peter. „Das hat mit Mut nichts zu tun."

„Was Mut ist, bestimme ich." Coolman baut sich vor Peter auf. Kim und Tim stehen hinter ihm. Coolman gibt Peter einen Schubs.

Vor lauter Mutprotzerei vergessen sie wenigstens die Tiere zu quälen. Ich mache schnell die Schachtel auf und befreie die Fliegen. Was die sich einbilden. Meinen die, sie seien die Herren der Welt?

Ein paar Tage später kommt Alexander laut heulend in die Klasse gerannt.

„Was ist denn, Alexander?", fragt Frau Hampel.

Alexander steht dort, schüttelt den Kopf. Er sagt nichts. Er sieht nämlich Coolman in der Tür stehen. Und er weiß ganz genau, wenn er von den Coolen redet, dann machen sie ihn hinterher doppelt fertig.

„Was ist denn gewesen?", fragt Frau Hampel.

Keiner sagt etwas.

Frau Hampel lässt nicht locker und fragt noch einmal.

Da platzt Götz heraus: „Die haben mit dem Alexander nur das Folterspiel gespielt."

„Das Folterspiel?", fragt Frau Hampel.

Götz wird rot. „Ich habe aber nur zugeguckt. Wirklich."

„Das sagen hinterher alle", sagt Frau Hampel. Sie holt tief Luft, bevor sie weiterspricht: „Du hast also zugeschaut, wie sie mit einem, der sich nicht wehren konnte, das Folterspiel gespielt haben? Und du hast nichts gesagt? Nur zugeguckt?"

Götz ist jetzt knallrot. Er stottert eine Entschuldigung, die man aber nicht versteht.

„Ich auch", schluchzt auf einmal hinten in der Ecke Toby los. „Ich war auch dabei." Und dann schluchzt er und kann nichts mehr sagen. Er legt den Kopf auf die Bank und heult laut in die Klasse. Er heult fast im Wettbewerb mit Alexander. Toby, der zahme Toby, den sie immer so ärgern.

„Was habt ihr denn gemacht?", fragt Frau Hampel.

„Nur mit der Feder ein bisschen am Fuß gekitzelt", stottert Tim.

Jetzt platzt Alexander los. Schluchzend berichtet er: „Stimmt ja gar nicht! In die Büsche haben sie mich gezerrt. Im hinteren Schulhof. Und haben immer gesagt: ‚Jetzt spielen wir das Folterspiel. Jetzt spielen wir das Folterspiel.' Dann haben sie mich auf die Erde geworfen und immer wieder ‚Folterspiel, Folterspiel' gesagt. Und ich hatte so eine Angst!"

„Das war doch bloß Spaß", stottert Coolman.

„Bloß Spaß?! Bloß Spaß?!" Da werden einige ganz schön sauer.

„Wenn ich das gewusst hätte", sagt Peter.

„Und dann?", fragt Frau Hampel.

„Als ein Lehrer kam, sind sie weggerannt", schluchzt Toby.

Frau Hampel holt einen Augenblick Luft, dann sagt sie: „Da seht ihr, was ihr gemacht habt. Ihr tut anderen weh, ohne jedes Gefühl. Und warum?"

Sie dreht sich um, sie geht auf und ab vorne in der Klasse. Sie überlegt. Und dann guckt sie mit ganz kleinen Augen Coolman an, stellt sich vor ihn und sagt: „Weil ihr euch den Kick holen wollt, wenigstens für einen Augenblick ganz groß zu sein, dafür tut ihr das. Aber das hält nicht lange an. Dann müsst ihr schon den Nächsten piesacken, um wieder euren Kick zu kriegen." Frau Hampel hat ganz schmale Augen. Wenn sie die hat, wird es sehr ernst. Sie dreht sich um. Sie guckt jetzt auch zu den anderen, nicht nur auf Coolman, und sagt: „Weil eure Gefühle so kaputt sind, deswegen müsst ihr die Gefühle der anderen auch noch kaputt machen. Damit das Ganze nicht ernst klingt, sagt ihr ‚Spaß' dazu. Dabei wisst ihr selber ganz genau, dass ihr lügt."

Sie geht zu Alexander und Toby, legt beiden eine Hand auf die Schulter und wartet schweigend, bis die Stunde vorbei ist und es klingelt.

„Geht jetzt", sagt sie. Und mehr für sich murmelt sie: „Wir müssen etwas tun."

Kick
Nervenkitzel,
Vergnügen

25

Als ich am nächsten Tag in die Klasse komme, schaut mir Coolman ins Gesicht und sagt: „Gib mir einen Kuss, Kleine!"

Ich werde rot. Hat der einen Knall? Hat der wirklich bloß Stroh in der Birne?

Coolman wiederholt: „Gib mir einen Kuss, Kleine."

Der spinnt doch!

Er streckt seine Hände nach mir aus. Ich stehe vor ihm, stehe wie erstarrt und sage laut: „Nein."

Seine Stimme wird weicher. „Und warum nicht?", fragt er.

Ich atme tief durch. „Weil ich nicht will." Ich atme noch einmal tief durch und dann sage ich: „Ich geb doch nicht jedem einen Kuss." Ich stampfe mit dem Fuß auf.

Alle lachen. Aber nicht über Coolman. Sie lachen über mich. Sie lachen mich aus.

Coolman hebt seine Hand. „Du sollst auch nicht *jedem* einen Kuss geben, Kleine. Nur mir sollst du einen Kuss geben." Er wendet sich zu den anderen um und sagt: „Die krieg ich noch rum, wetten? Dauert nicht mehr lange."

Von hinten schreit Tim: „Kuschelmuschel!" Dann spuckt er auf den Boden.

Ich finde das eklig. Ich merke, wie die Wut aufsteigt in meinem Bauch. Wie sie anwächst zu einem Berg. Plötzlich fang ich an zu schreien.

„Kuschelmuschel", lacht Tim.

Coolman packt mich, will seinen Mund auf meinen pressen. Seine widerlichen Wulstlippen vor meinen Augen. „Kuschelmuschel", ruft Tim immer wieder.

Ich ducke mich, mache mich klein ... und beiße Coolman in den Arm. Feste. Noch einmal! Mit aller Kraft.

Jetzt schreit keiner mehr „Kuschelmuschel". Nur Coolman brüllt wie am Spieß. Ich lasse ihn los. Er reibt seinen Arm. Meine Zähne sind einzeln darauf abgebildet. Er hüpft im Kreis auf einem Bein, reibt seinen Arm. „Das wirst du büßen!", schreit er. „Das wirst du zehnfach büßen!" Er rennt aus dem Klassenzimmer und wirft die Tür hinter sich zu.

Der ist weg!

Da springt Peter vor. „Gut gemacht, Hannah! Wir lassen uns das nicht mehr bieten!"

Als Frau Hampel die Klasse betritt, schweigen wir. Wie immer.

Ich sitze da. Ich will nicht mehr.

Angst, Angst, Angst ist in meinem Kopf. Keine Furcht, kein Herzrasen, keine Beklommenheit, sondern Angst, Angst, Angst.

Weil in unserer Klasse nur noch Angst ist.

Weil die Coolspieler einem Angst machen.

Weil wir zu Angst nicht Angst sagen dürfen.

Weil wir die Angst nicht zeigen dürfen.

Nach der Schule renne ich nach Hause. Da auf einmal muss ich heulen. Ich heule Rotz und Wasser. Mama nimmt mich in den Arm. Sie tröstet mich. Und jetzt erzähle ich ihr, was bei uns in der Klasse los ist. Mama hört zu und unterbricht mich nicht.

Nach einer Weile sagt sie: „Die können einem leidtun."

„Mama, du hast doch 'nen Knall. Du kannst doch nicht immer mit dem Mitleid anfangen. Erst müssen wir uns mal wehren – und dann, wenn wir stark sind, dann können wir vielleicht Mitleid mit ihnen haben! ‚Die können einem leidtun.' So ein Quatsch! *Ich* müsste dir leidtun. Nicht die."

„Vielleicht hast du recht. Aber das sind trotzdem arme Kinder", sagt Mama. Versteht sie denn gar nichts?

„Wir sind auch arme Kinder, Mama. Die machen uns fertig! Kapierst du das? Fertig! Die machen uns Angst!"

Jetzt komme ich so richtig in Fahrt. Jetzt bricht es aus mir heraus. Jetzt bin ich wütend auf Coolman und Konsorten, auf die Lehrer, die nichts tun, und auf Mama. „Ihr habt immer Mitleid mit den Coolen, den Tätern. Aber mit uns müsstet ihr auch mal Mitleid haben!", fauche ich sie an. „Mach das mal mit in einer Klasse, in der drei oder vier immer sofort losquatschen und niemanden zum Reden kommen lassen. Mach das mal mit in einer Klasse, in der die den Mädchen sagen, dass Weiber nur für den Herd und fürs Bett gut sind. Mach das mal mit, wenn die zu allen Unsicheren und zu denen, die auch mal nachdenken, bevor sie den Mund aufmachen, behindert sagen und Babyflasche. Und am schlimmsten ist es, wenn du mit denen allein bist. Dann krallen sie dich zu dritt oder zu viert und machen dich fertig. Mach das mal mit, wenn du die auf Befehl küssen sollst!"

Mama nimmt mich in den Arm. „Und was sollen wir dagegen tun?", fragt sie.

Ich schluchze. Ich weiß doch auch nicht.

Doch, ich weiß. Plötzlich weiß ich es. „Stark sein", sage ich, „gegen die. Wir müssen stark sein, damit die Coolen nicht mehr ihre fiese Stärke ausspielen können."

„Aber wie?", fragt Mama.

Ich ziehe die Schultern hoch. Das weiß ich auch nicht.

26

„Es muss sich etwas ändern", sagen wir alle am nächsten Tag in der Klasse.

„Wir müssen uns zusammentun und zusammen gegen die stark sein", schlägt Peter vor.

„Und wie stellst du dir das vor?", frage ich. „Wenn einer angegriffen wird von den Coolen, helfen ihm dann die anderen auch wirklich? Meinst du, die tun das?"

Tim ist ganz zerknirscht. Er holt tief Luft und sagt: „Ich glaube, wir haben wirklich Mist gemacht."

Das hätte ich von Tim nicht erwartet. Aber Coolman ist heute nicht da. Da hat er auch mal eine eigene Meinung.

„Das kannst du laut sagen", antworte ich ihm und ziehe die Schultern hoch. „Und ihr macht bestimmt weiter, wenn sich nichts ändert."

„Ihr tut doch alles, um cool zu sein", meint Toby.

Tim wird ziemlich klein. „Vielleicht", sagt er. „Aber vielleicht kann man sich ja auch ändern."

„Vielleicht wenn wir mehr als bisher darüber reden." Das kommt von Frau Hampel, die, ohne dass wir sie bemerkt haben, das Klassenzimmer betreten und alles mit angehört hat. Und dann sagt sie entschieden: „Ich werde allerdings nicht nur reden, ich werde auch etwas tun."

„Und was?", fragen wir alle.

„Das muss ich mir noch überlegen", sagt sie.

27

Coolmans Eltern haben meinen Eltern über ihren Anwalt einen Brief geschickt. Sie wollen mich verklagen wegen Körperverletzung. Sie haben Fotos von den Bissstellen an Coolmans Arm beigelegt.

„Gut, dass du dich gewehrt hast", sagt Mama.

„Gut, dass du dem gezeigt hast, wo seine Grenzen sind", sagt Papa. „Hannah, ich bin richtig stolz auf dich."

„Aber jetzt hab ich die Bescherung", sage ich und zeige auf den Brief.

„Es ist immer das gleiche Spiel", sagt Mama. „Der Täter gibt seine Schuld einfach ab an das Opfer. So einfach geht das."

Frau Hampel hält Wort. Coolman wird vierzehn Tage vom Unterricht ausgeschlossen. Das beschließt – trotz des Widerspruchs seiner Eltern – die Klassenkonferenz. „Jetzt haben wir zwei Wochen Zeit, um uns stark zu machen", sagt Frau Hampel.

„Verdammt kurz", sagt Peter.

„Und wie soll das gehen?", fragen wir.

Frau Hampel beruft einen Elternabend ein, zu dem Coolmans Eltern nicht erscheinen, obwohl sie eingeladen waren.

Und wir reden darüber. Immer wieder. Sie besteht darauf.

Wenn Coolman zurückkommt, dürfen wir nicht mehr Coolman zu ihm sagen. Wir müssen Steffen sagen. Frau Hampel meint, dass er durch den Spitznamen „Coolman" ja schon fast in diese Rolle gezwängt würde. Na ja, denke ich.

Reden macht stark. Aber eines ist uns allen klar: Tim, Steffen, Falk und Kim können wir nicht plötzlich total verändern. Uns kann man ja auch nicht von heut ₅ auf morgen veränndern. Und wir müssen uns auch verändern. Wir müssen lernen darüber zu reden, wenn uns etwas nicht passt. Wir müssen lernen uns zu wehren. Mutig sein will gelernt sein. Das braucht Zeit. Das Reden ist nur ein Anfang.   ₁₀

Wir hatten noch eine Idee. Die stammt aus der Zeitung. In Amerika werden in Klassen wie unserer Schülergerichte gebildet. Echt! Da gibt es richtige Gerichtsverhandlungen und solche Typen wie Steffen und Konsorten werden von ihren Mitschülern zu zwei ₁₅ Wochen Klappehalten oder Schulhof-Saubermachen verurteilt, wenn sie die anderen piesacken. Aber Frau Hampel und unsere Eltern waren dagegen. Ob sie uns das nicht zutrauen?

28

Ein paar Wochen später stehe ich mit meiner Freundin Juli aus der Parallelklasse in der Pause auf dem Schulhof zusammen.

„Meinst du wirklich, dass das nicht alles wieder von vorne beginnt?", fragt sie. „Habt ihr euch schon überlegt, was ihr dann macht?"

„Sofort anfangen zu reden", sage ich. „Nicht wieder abwarten, bis es ganz schlimm ist. Und wenn wir zusammenhalten, können die uns gar nichts. Steffen hat das auch schon gemerkt. Sobald er anfängt rumzuspinnen, lassen wir ihn einfach stehen. Wir lassen uns nicht mehr von ihm beeindrucken. Wir lassen uns nichts mehr gefallen. Und das weiß er ganz genau. Und seine früheren Bewunderer wissen das auch. Wenn er nicht allein sein will, muss er nett zu uns sein. Wir brauchen keinen Klassen-King. Und ich finde, er hat sich schon ein kleines bisschen verändert."

„Meinst du wirklich?", fragt Juli.

Ich werde rot, weil ich weiß, dass das nicht ganz stimmt. „Zumindest gibt er sich Mühe", sage ich. „Neulich hat er mich sogar gefragt, ob wir mal nachmittags gemeinsam Skateboard fahren, nur er und ich. Aber ich hab ihm gesagt, dass ich mir das erst noch überlegen muss."

„Du bist doch wohl nicht wieder in den verknallt?" Juli schießt einen Stein über den Schulhof.

„Aua", schreit Steffen. Er hat den Stein voll ans Schienbein gekriegt.

Juli wird rot. „'tschuldigung, Steffen", murmelt sie. „War keine Absicht. Tut's weh?"

„Nicht so schlimm", sagt Steffen und guckt mich an.

Ich werde ketchuprot. Was hat Juli da eben gesagt? Ich in Steffen verliebt? Ich doch nicht!

Materialien

Sind Jungen anders?

Interview mit einem Experten

Dr. Jürgen Budde ist Wissenschaftler an der Universität Hamburg. Er hat das Verhalten von Jungen in der Schule erforscht. [5]

In dem Buch „Der Klassenking" geht es um einen Jungen, der meistens ganz schön cool scheint. Müssen denn Jungen immer cool sein? [10]

Sich cool zu geben, ist eigentlich ein ganz gutes Gefühl. Viele Jungen zeigen oft ihre coole Seite, das kann man im Buch sehr gut nachlesen. Manchmal ist es für die Jungen sehr wichtig, für ihr cooles Verhalten bewundert zu werden. Aber genau das macht Coolsein auf Dauer anstrengend. Dann muss man immer die gleiche Rolle spielen und das ist nicht ehrlich. Außerdem ist der immer coole Typ für seine Freunde auf Dauer langweilig. [20] [15]

Warum stören Jungen den Unterricht?

Es stören ja gar nicht alle Jungen den Unterricht. Manche Jungen benutzen den Unterricht wie eine Bühne im Theater, um ihre Coolness zu zeigen. Diese Jungen suchen die Aufmerksamkeit der Mitschüler und versuchen durch freche Antworten und Störungen die anderen zu beeindrucken. Einige stören, [25] weil sie es einfach lustig finden, andere weil sie wirklich gemein zu den Lehrerinnen und Lehrern sein wollen. Manchmal stören die Jungen auch, weil ihnen der Unterricht zu langweilig ist.

Sind denn Jungen aggressiver als Mädchen?
Natürlich sind nicht alle Jungen aggressiver als Mädchen, sondern nur einige. Es gibt Jungen, die andere ärgern, bedrohen oder verprügeln. Manche Jungen sind oft wütend, unzufrieden und traurig. Sie wissen nicht, wie sie mit solchen Gefühlen umgehen sollen und werden dann aggressiv. Aber man kann den Umgang mit solchen Gefühlen lernen und da brauchen manche Jungen Hilfe, gerade von Männern bzw. Vätern.

Sind Jungen nur in der Gruppe stark?
Viele Jungen und übrigens auch Mädchen sind in der Gruppe stark. Dort fühlt man sich stark und geborgen. Eine Gruppe ist erst mal was richtig Gutes. Manche Jungen sind auch alleine ganz schön mutig. Es gibt aber auch viele, die allein feige sind. Sie missbrauchen eine Gruppe, um andere zu ärgern oder zu quälen. In Gruppen fällt es vielen schwerer zu sagen, dass sie beim „Mistbauen" nicht mitmachen wollen. Das nennt man Gruppendruck.

Haben Jungen Probleme, über ihre Gefühle zu reden?
Ja und nein. Wenn du ein Tor geschossen hast, jubeln alle mit dir und fallen sich in die Arme. Schwie-

riger ist es, nicht so schöne Gefühle zu haben, wie
Trauer, Angst, Einsamkeit oder Wut. Jeder Junge hat
natürlich diese Gefühle, aber oft gilt es als uncool oder
„mädchenhaft", diese Gefühle zu zeigen. Deswegen
versuchen viele Jungen, diese Gefühle zu verbergen. 5
Einigen ist es peinlich zu weinen. Dabei kann weinen
ganz schön guttun. Manche Junge sind sogar so von
ihren Gefühlen überfordert, dass sie dann aggressiv
gegen andere oder gegen sich selber werden.

Arbeitsanregungen

- Jürgen Budde erklärt durch einige Beispiele das
  Verhalten von Jungen. Notiere, welche Aussagen
  aus dem Interview auf Steffen zutreffen.
- Schreibe auf, welche Aussagen aus dem Interview
  auf dich oder Jungen aus deiner Klasse zutreffen.
- Diskutiert in der Klasse, ob ihr mit den Erklärungen
  aus dem Interview einverstanden seid.

Sind Mädchen wirklich anders?

ZWEI BUCHAUSZÜGE

1. Elisabeth Zöller: „Ich knall ihr eine" (Textauszug)

Eva und ihre Gang nennen sich selbst oft „die Raubritter", weil sie sich so supercool vorkommen. Zu der Gang gehören Moritz, Christoph, Felix, Stefan, Philipp, Franziska und Justus. Neuerdings ist auch Ögüt dabei, den haben sie gerade aufgenommen – er ist Türke. Er macht jetzt die Drecksarbeit für die anderen. Eva ist die Königin. Und Philipp ist ihr engster Vertrauensmann, vielleicht mit Justus. So ganz durchschaut Emma das noch nicht.

Dabei hatte alles ganz langsam angefangen. Nein, das stimmt gar nicht. Wie der Blitz war es gekommen. Nämlich als Eva in die Klasse kam.

Sie kam rein und kommandierte. Nein, das stimmt auch wieder nicht. Zwei Tage war sie still, und dann spielte sie auf. Sie warf ihre langen blonden Haare zurück – und wie von selbst standen Philipp, Christoph und Felix hinter ihr, später auch die anderen. Coole und Schwache. Welche, die Eindruck machen wollten. Weil sie vorher Nullen waren, die keiner beachtete. Endlich wollten sie mal wichtig sein!

Eva sieht gut aus. Wenn sie ihre blonden Haare nach hinten wirft – wie eine Königin! Und einer Königin folgt man, die kann man bewundern – und das tun sie. Und das tut ihnen gut. Meinen sie.

Als erste war Emma dran gewesen. Danach Dorothee, Töfty, alle.

Und alle einzeln. Es war von Anfang an das gleiche Spiel, als sei es eingeübt. Immer nehmen sie sich
nur einen vor. Dann ist man nämlich allein, wenn man ₅
unten liegt. Das wusste Eva von Anfang an.

Immer war Emma allein, wenn sie Eva den Fuß
küssen musste. Allein, allein, allein. Und Dorothee
war auch allein. Und Töfty auch. Nur vor Klara hat
Eva Angst, weil die große Brüder auf der Schule hat. ₁₀

2. Celia Rees: „Klassenspiel" (Textauszug)

Lauren war neu in der Schule. Ihre Eltern waren
erst vor Kurzem aus Australien hierhergezogen. Die
Mitschüler waren angewiesen worden, nett zu ihr zu
sein. Und das waren sie natürlich auch – solange ein
Lehrer in der Nähe war. Auf dem Schulhof sah das al- ₁₅
lerdings anders aus. Alle ignorierten sie.

Jede Gruppe aus ihrer Klasse wandte sich betont ab,
wenn Lauren an ihnen vorbeiging. Am Anfang hatte
sie sich wirklich Mühe gegeben, nett und freundlich

zu sein, aber sie hatte von den anderen nur Ablehnung erfahren. Man hatte ihr die kalte Schulter gezeigt.

„Sie ist so was von eingebildet", sagte Josie, als sie mit ihren Freundinnen an Lauren vorbeigingen. „Ich kann sie nicht ausstehen".

„Ich auch nicht", pflichtete Andrea ihr bei. „Sie ist ein hochnäsiges Ekel".

„Genau", sagte Sandi.

„Schaut sie euch doch nur an!", sagte Andrea.

„Sieht gar nicht wie ein Mädchen aus, eher wie ein Junge", höhnte Sandi.

Arbeitsanregungen

- Welcher der beiden Buchauszüge hat dich am meisten beeindruckt oder betroffen gemacht? Begründe deine Entscheidung.
- Überlege, ob du ähnliche Begebenheiten in deiner Schule beobachten kannst.
- Versuche zu erklären, warum sich die Mädchen in den Texten so „cool" verhalten.
- Vergleiche den Textausschnitt aus dem Buch „Ich knall ihr Eine" von Elisabeth Zöller mit dem „Klassenking". Schreibe auf, welche Gemeinsamkeiten du entdeckst.
- Jetzt kannst du auch die Frage „Sind Mädchen wirklich anders?" beantworten. Schreibe deine Meinung dazu auf und begründe sie mithilfe der Textausschnitte.

Wie wichtig sind dir Markenklamotten?

15 Schüler und Schülerinnen einer 6. Klasse haben im Rahmen einer Projektwoche an einer Fragebogenaktion teilgenommen. Sie wurden gefragt, ob ihnen Markenklamotten sehr wichtig, wichtig oder nicht wichtig sind. Dies ist das Ergebnis.   5

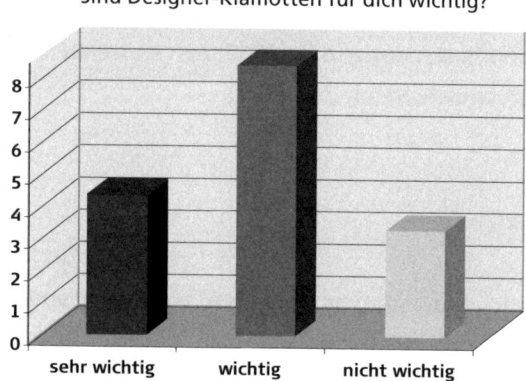

Sind Designer-Klamotten für dich wichtig?

Arbeitsanregungen

- Betrachte das Diagramm und notiere in einem kurzen Text das Ergebnis der Befragung.
- Führe eine ähnliche Befragung in deiner Klasse oder in anderen Klassen durch und stelle die Ergebnisse ebenfalls in einem Diagramm dar.
- Warum sind Markenklamotten für viele Kids so wichtig? Diskutiert in der Klasse darüber.

Anne Roepke: Schuluniform

Coole Klamotten will fast jeder haben – aber was, wenn sie einfach zu teuer sind? Viele Schülerinnen und Schüler leiden darunter, dass sie nicht „in" sind. Um diesen Marken-Druck an Schulen zu verhindern, hatten einige deutsche Schulen die Idee, Schuluniformen einzuführen.

In vielen Ländern kennen die Schüler das gar nicht anders. Ob in England, Japan oder Australien – für die meisten Schüler dort ist die Schuluniform normal. Auch in Deutschland haben einzelne Klassen beschlossen, eine Zeit lang Schuluniformen zu tragen. Wichtig war ihnen nur, dass die Schuluniformen nicht zu spießig sind: also nicht Krawatten für Jungs und Röcke für Mädchen, sondern einheitliche Hosen, T-Shirts oder Sweatshirts.

Die fünfte Klasse einer Gesamtschule hatte sich für Jeans und hellgraue Sweatshirts entschieden. Allerdings hatten sie das Projekt nach etwa neun Wochen satt und brachen es ab. Eine Schülerin sagte: „Privat hätte ich das nie getragen."

Arbeitsanregungen

- Überlege dir Gründe, warum die fünfte Klasse das Projekt wohl nach neun Wochen abgebrochen hat.
- Lies dir die folgenden Argumente für und gegen Schuluniformen durch. Notiere, ob du den Argumenten zustimmst oder nicht. Begründe.

Dafür: Argument 1

Schuluniformen verbessern das Schulklima: Ein Hauptgrund für Neid, Rivalität, Mobbing und Streit an den Schulen würde entfallen.

Dafür: Argument 2:

Schuluniformen tragen zur finanziellen Entlastung der Eltern und Schüler bei, denn viele Eltern müssen zusätzlich arbeiten, um den Kindern Markenkleidung zu kaufen.

Dafür: Argument 3:

Schuluniformen führen zu einem besseren Klassenzusammenhalt, weil soziale Unterschiede abgemildert werden und der Konkurrenzkampf entfällt. Man fühlt sich seinen Mitschülern durch das äußerliche Erkennungszeichen stärker verbunden.

Dagegen: Argument 1:

Das Tragen einer Schuluniform bedeutet für Kinder Zwang. Ohne Uniformen fühlen sie sich freier.

Dagegen: Argument 2:

Kinder sollten schon früh lernen, welche Kleidung zu ihnen passt bzw. nicht passt, und einen persönlichen Stil entwickeln. Mit der Schuluniform wäre dies nicht mehr möglich.

Dagegen: Argument 3:

Die Pflicht zum Tragen von Schuluniformen stellt einen Eingriff in die Selbstbestimmungsrechte der Kinder und ihrer Eltern dar.

Mobbing – was ist das?

500 000 Mal in der Woche wird in Deutschland ein Schüler im Klassenzimmer oder auf dem Schulgelände gemobbt. 500 000 Mal pro Woche – eine erschreckend hohe Zahl. Wer erfolgreich lernen will, braucht allerdings eine Umgebung, in der man sein darf, wie man ist, mit allen Stärken und Schwächen, eine Umgebung, in der man weder ausgelacht noch herumgeschubst, weder ausgeschlossen noch verprügelt wird. Deshalb hat Mobbing in der Schule nichts zu suchen.

Was ist eigentlich Mobbing?

„Mobbing" ist englisch und kommt von „to mob". Auf Deutsch bedeutet das so viel wie „anpöbeln". Mobbing ist viel mehr als nur jemanden hin und wieder zu hänseln, mit jemandem zu raufen oder andere zu ärgern. Von Mobbing spricht man, wenn jemand an einer anderen Person wiederholt und über längere Zeit herabsetzende und ausgrenzende Handlungen verübt.

In den allermeisten Fällen wird nicht nur auf eine Art gemobbt. Schlagen, treten, üble Gerüchte, Schimpfwörter, fiese E-Mails ... In der Regel sind Mobbing-Opfer vielen unterschiedlichen Angriffen und Erniedrigungen ausgesetzt.

Als seelisches oder psychisches Mobbing werden herabsetzende und ausgrenzende Handlungen verstanden, z.B. jemanden nicht zu beachten, nicht mit ihm zu sprechen oder ihn von gemeinsamen Aktivitäten auszuschließen.

Mobbing mit Worten oder verbales Mobbing ist, wenn andere durch Schimpfwörter verletzt werden, sie lächerlich gemacht oder ihnen gedroht wird.

Jemandem wehtun, z.B. schlagen, ein Bein stellen, kneifen, an die Wand pressen oder jemanden gegen seinen Willen festhalten, z.B. einsperren, unter Wasser tauchen oder fremdes Eigentum beschmutzen, beschädigen oder kaputt machen wird als körperliches oder physisches Mobbing bezeichnet.

Wenn jemand per E-Mail, SMS oder im Netz schikaniert wird, spricht man von E-Mobbing.

Und wozu dienen diese Schikanen?

Mobber wollen nur eines: Sie wollen ihre Stellung in der Gruppe festigen und ihre Stärke und ihre Macht zeigen, indem sie wehrlose Opfer einschüchtern und ihnen immer mehr Angst einjagen. Und die Opfer? Besonders häufig erwischt es Kinder und Jugendliche, die zu keiner Clique gehören, weil sie aus irgendeinem Grund „anders" sind als die Kinder, die das Sagen haben. Es gibt ganz unterschiedliche Gründe, warum ein Kind an den Rand gedrängt wird. Mal ist es die „falsche" Kleidung, mal das Aussehen, ihre Schüchternheit, die strengen Eltern oder der Dialekt, der Kinder zu Außenseitern abstempelt.

Warum ist Mobbing so schlimm?

Kinder, die gemobbt werden, sind ständig Angriffen ausgesetzt. Weil die Mobber in der Regel stärker sind als ihre Opfer, können sich Kinder, die gemobbt

werden, nicht wehren. Sie fühlen sich nicht nur hilflos, sie sind es auch. Besonders schlimm ist es, wenn
Kinder nicht nur mit Worten fertiggemacht werden,
sondern auch körperliche Gewalt zu spüren bekommen. Dann fühlen sie sich noch mehr erniedrigt. Weil
sie vor den Augen aller „heruntergemacht" werden,
schämen sie sich oft auch noch.

Was sind die Folgen von Mobbing?
Klare Antwort: Man bekommt Angst. Angst davor,
dass gleich wieder eine Attacke droht. Angst davor,
dass man sich auch diesmal nicht wehren kann ...
Angst bedeutet Stress. Und Stress macht krank! Anfangs sind Mobbing-Opfer irritiert und verwirrt. Sie
können die Situation noch nicht klar einschätzen und
grübeln über das, was ihnen zustößt, nach. Die Folge:
Sie können sich nicht mehr richtig konzentrieren und
vergessen vieles.

Später, wenn Mobbing schon länger zum Alltag
gehört, denkt das Opfer nur noch an die Quälereien,
die es erleidet: Wieso passiert gerade mir so etwas?
Warum hilft mir keiner? Was droht mir als nächs-
tes? Wem könnte ich mich anvertrauen? Kann ich die
Sache überhaupt jemandem erzählen?

Je mehr das Opfer über seine Situation grübelt,
umso elender fühlt es sich. Das Selbstbewusstsein leidet, es kann nicht mehr richtig schlafen, hat keinen
Appetit mehr, leidet unter Bauchschmerzen, verliert
die Lust, überhaupt etwas zu unternehmen. Mobbing-
Opfer fühlen sich gedemütigt und allein gelassen. Bei

Kindern, die direkt angegriffen, d.h. geschlagen, geschubst oder verprügelt werden, kommen hier noch mehr oder weniger starke Verletzungen dazu.

In einer solchen Situation kann es leicht passieren, dass das Mobbing-Opfer in der Schule einen Duchhänger hat und schlechte Noten schreibt. Zum Mobbing-Stress kommt dann noch Schulstress. Die Versagensängste werden immer größer. Schließlich fühlt sich das Mobbing-Opfer wie blockiert: Nichts geht mehr.

Mobbing und Mitläufer

Die „Cliquen-Queen" oder der Anführer einer Bande finden einen Jungen oder ein Mädchen aus irgendeinem Grund doof – der perfekte Anlass, um zu zeigen, wer hier das Sagen hat. Jeder, nicht nur die „blöde Kuh" oder der „Doofie", auch die Leute in ihrer Gruppe sollen Bescheid wissen.

Ohne ihre Gruppe sind die „Cliquen-Queen" oder der „Banden-Chef" eigentlich genauso stark oder schwach wie ihr „Opfer". Wenn es darum geht, jemanden auszugrenzen, brauchen sie Hilfe – ihre Gruppe eben.

Mobbing „funktioniert" also nur, wenn genügend Leute hinter den Gemeinheiten stehen. Es liegt vor allem an den Mitläufern, dass die Opfer kaum eine Chance haben, sich zu wehren.

Die Mitläufer verbreiten üble Gerüchte, sie helfen ihrem Anführer bei Schlägereien und anderen Gewalttätigkeiten und sie sind dabei, wenn es darum geht, Gemeinheiten zu vertuschen.

ARBEITSANREGUNGEN

– Schreibe die unterschiedlichen Formen des Mob-
  bings auf und suche Beispiele dazu.
– Trage anhand des Textes in eine zweispaltige Ta-
  belle die Gründe ein, warum Kinder zu Mobbing-
  opfern werden und warum Kinder andere mobben.
– Schreibe auf, wie du dich verhalten solltest, wenn
  du Zeuge von Mobbing wirst.
– Stell dir vor, du wirst von einer Gruppe gemobbt.
  Was hilft deiner Meinung nach am besten, um das
  Mobbing zu beenden?
– Angenommen, du hast selbst gemobbt. Jetzt möch-
  test du damit aufhören. Wie verhältst du dich am
  besten gegenüber deinem ehemaligen Mobbing-
  Opfer?
– An wen kann man sich wenden, wenn man gemobbt
  wird? Recherchiere im Internet, z. B. unter:
  http://mobbing.seitenstark.de.
– Entwirf ein Plakat zum Thema: „Gib Mobbing
  keine Chance!“

Gewalt hat viele Gesichter

Ist das Gewalt – ja oder nein?

Es ist gar nicht so einfach abzugrenzen, was Gewalt ist. Gewalt muss nämlich immer aus der Sicht der Täter oder Täterinnen und der Opfer gesehen werden.

Körperliche (physische) Gewalt ist im Spiel, wenn jemand einen anderen bewusst verletzt oder absichtlich eine Sache zerstört. Gewalt wird nicht erst dann erfahren, wenn Blut fließt und Scheiben klirren. Wenn ein Einzelner ständig von der Mehrheit der Klasse gehänselt, bloßgestellt, herunter- und fertig gemacht wird, handelt es sich um seelische (psychische) Verletzungen, also auch um Gewalt.

Gewalt liegt vor, wenn Menschen absichtlich körperlich und/oder seelisch verletzt werden und bei gezielter Zerstörung und Beschädigung von Sachen.

Arbeitsanregungen

– Entscheide, ob es sich bei den folgenden Vorkommnissen um Gewalt handelt. Begründe deine Meinung und diskutiert in der Klasse darüber, wie ihr euch entschieden habt.

1. Du sitzt im Bus in der zweitletzten Reihe. Ein großer Junge mit einer Wasserflasche setzt sich hinter dich, nimmt einen Schluck Wasser aus der Flasche und spuckt ihn dir auf den Kopf. Deine Haare und Klamotten sind nass.

2. Der Lehrer ruft dich an die Tafel und sagt grinsend: „Wollen wir doch mal sehen, ob du für heute mehr gelernt hast als beim letzten Mal." Er verwirrt dich mit seinen blöden Kommentaren und du kannst keinen klaren Gedanken fassen.

3. Der 11-jährige Clemens sitzt im Rollstuhl. Neugierig schaut er zu, wie Jugendliche aus der Nachbarschaft Fußball spielen. Er leidet darunter, dass ihn niemand beachtet. „Spasti mach Platz", hat ihm letztens ein Mädchen zugerufen. Die anderen haben gelacht. Er bleibt jetzt lieber in der Wohnung und schaut vom Fenster aus zu.

4. Zwei 15-jährige Jungen messen ihre Kräfte im Ringkampf. Sie werden von ihrer Clique angefeuert. Heute behält Damian die Oberhand. Der Kampf ist beendet, als Renzo die Niederlage eingesteht.

5. Der Pausengong erlöst die Schülerinnen und Schüler von der langweiligen Englisch-Stunde. Alle stürzen auf die Klassentür zu, um als erste die Tischtennisplatte auf dem Schulhof zu erreichen. In dem Gedränge kommt Schamiran zu Fall und zieht sich eine stark blutende Platzwunde zu.

- Schau dir das Bild auf Seite 90 genau an. Beschreibe die einzelnen Szenen und notiere, welche Form von Gewalt ausgeübt wird.

- Beobachtet Gewaltsituationen im Unterricht, in den Pausen, in der Klasse, auf dem Schulhof, beim Sport, auf dem Schulweg usw. Schreibt sie auf und sprecht darüber, ob ihr die Situationen einheitlich als Gewalt empfindet oder nicht.
- Stelle Erwachsenen und anderen Jungen und Mädchen an deiner Schule oder aus deinem Freundeskreis die fünf Situationen zum Thema Gewalt vor. Stellst du Unterschiede fest?
- Wenn du gerne zeichnest, kannst du ein Poster oder einen Comic zum Thema „Gewalt hat viele Gesichter" erstellen.

Schülergerichte: Schüler urteilen über gleichaltrige Straftäter

In Deutschland wurde das erste Schülergericht nach amerikanischem Vorbild im Jahre 2000 ins Leben gerufen. Es besteht aus drei Schülern, die als Richter auftreten; diese müssen zwischen 14 und 16 Jahren alt sein. Vor einem Schülergericht können [5] nur minderschwere Delikte verhandelt werden. Das sind Vergehen wie Diebstahl, Sachbeschädigung, Unterschlagung, Beleidigung, leichte Körperverletzung etc. Liegt eine Anzeige gegen einen Minderjährigen vor, prüft die Staatsanwaltschaft, ob der Fall als [10] minderschwer einzustufen ist. Die Fälle können vor einem Schülergericht nur verhandelt werden, wenn die Tat gestanden wurde und bereits vollständig aufgeklärt ist. Aufgabe der Schülergerichte ist es nicht, den Sachverhalt selber zu klären. [15]

Das Schülerteam unterbreitet dem Beschuldigten, wie er die begangene Tat wieder in Ordnung bringen kann. Bei aktiver Teilnahme durch den Beschuldigten ist die Einstellung des Strafverfahrens möglich.

Das Wort Schülergericht trifft den Charakter des [20] Projekts nicht genau, denn die Schüler sind keine Richter, sondern schlagen dem Beschuldigten eine Reaktion oder Wiedergutmachung der Straftat vor.

Die Schülerrichter können keine Jugendstrafen verhängen. Sie schlagen erzieherische Maßnahmen [25] vor, die zusammen mit dem Beschuldigten gefunden werden.

Ein überheblicher, reicher, elternhausverwöhnter Missetäter musste zum Beispiel drei Wochen in einer Suppenküche für Obdachlose helfen und mit den Obdachlosen zusammen essen, für ihn demütigend und unangenehm und wahrscheinlich ein Erlebnis, das er nicht so schnell vergessen wird. Es gibt aber auch andere erzieherische Maßnahmen, z.B. Aufsatzschreiben oder Verzicht auf einen geliebten Gegenstand. Sinnvoll ist auch eine Entschuldigung beim Opfer, was ein schwerer Gang sein kann. Alle Sanktionen sollten der Tat angemessen sein, um eine Wirkung für die Zukunft zu erzielen.

Sanktionen *Maßnahmen, hier: Strafen*

Arbeitsanregungen

- Beschreibe, welche Aufgaben ein Schülergericht hat.
- Was würdest du davon halten, wenn an deiner Schule Schülerinnen und Schüler ab 14 Jahren über andere Schüler urteilen würden? Begründe deine Meinung. Diskutiert darüber in der Klasse.
- Überlege, welche Eigenschaften Schüler oder Schülerinnen haben müssen, wenn sie Mitglieder in einem Schülergericht sind.
- Überlege mithilfe des Textes, warum sich im Buch „Der Klassen-King" Eltern und Lehrer gegen die Einberufung eines Schülergerichts entscheiden.
- Stelle dir einen Streit aus deiner Schule vor. Erarbeite mit vier Mitschülerinnen ein kurzes Rollenspiel, in dem ihr ein Schülergericht nachspielt.

Textquellen

S. 76-78: Sind Jungen anders? (Orginaltext).

S. 79-80: Auszug aus Elisabeth Zöller „Ich knall ihr eine!", München: Omnibus, 2005, S. 22 -23.

S. 80-81: Auszug aus Celia Rees „Klassenspiel", Hamburg: Carlsen 2007, S.14, S.53 -54.

S. 82: „Wie wichtig sind dir Markenklamotten?", Auszüge aus www.kindernetz.de.

S. 83-84: Anne Roepke: Schulinformen, Auszüge aus http://www.kindernetz.de/infonetz/thema/mode/schuluniform/-

S. 85-89: Mobbing – was ist das?; Auszüge aus: http://mobbing.seitenstark.de/index_k.asp?ext2=mobbing.

S. 91-93: Ist das Gewalt – ja oder nein? Auszüge aus: http://www.basta-net.de/webcom/show_article.php/_c-26/_nr-1/_lkm-50/i.html

S. 94-95: Schülergerichte, Auszüge aus http://www.cornelsen.de/kts/1.c.986156.de

Bildquelle

S. 76: Foto von Christoph Berens.

Wir arbeiten sehr sorgfältig daran, für alle verwendeten Abbildungen die Rechteinhaberinnen und Rechteinhaber zu ermitteln. Sollte uns dies im Einzelfall nicht vollständig gelungen sein, werden berechtigte Ansprüche selbstverständlich im Rahmen der üblichen Vereinbarungen abgegolten.